크리스토퍼 하루 3분 묵상

하느님과 가까워지는 시간

크리스토퍼 하루 3분 묵상

2009년 2월 27일 교회 인가
2013년 9월 13일 초판 1쇄 펴냄

지은이 · 제임스 켈러
옮긴이 · 염봉덕
펴낸이 · 염수정
펴낸곳 · 가톨릭출판사
편집 겸 인쇄인 · 홍성학
디자인 자문 · 김복태, 류재수, 이창우, 황순선
편집장 · 송향숙 편집 · 임찬양, 전혜선
디자인 · 정해인

본사 · 서울특별시 중구 중림로 27
지사 · 경기도 고양시 일산동구 노첨길 65
등록 · 1958. 1. 16. 제2-314호
전자우편 · edit@catholicbook.kr
전화 · 1544-1886(대)/ (02)6365-1833(영업국)
지로번호 · 3000997

ISBN 978-89-321-1325-8 03230

값 12,000원

인터넷 가톨릭서점 http://www.catholicbook.kr
직영 매장: 명동대성당 (02)776-3601, 3602/ FAX (02)776-1019
         가톨릭회관 (02)777-2521/ FAX (02)777-2520
         서초동성당 (02)313-1886
         서울성모병원 (02)2258-6439, (02)534-1886/ FAX (02)392-9252
         분당요한성당 (031)707-4106
         절두산 (02)3141-1886/ FAX (02)3141-1886
         미주지사 (323)734-3383/ FAX (323)734-3380

가톨릭의 모든 도서와 성물을 '인터넷 가톨릭서점'에서 만나 보실 수 있습니다.

성경 © 한국천주교중앙협의회, 2005

이 도서의 국립중앙도서관 출판시도서목록(CIP)은 서지정보유통지원시스템 홈페이지(http://seoji.nl.go.kr)와
국가자료공동목록시스템(http://www.nl.go.kr/kolisnet)에서 이용하실 수 있습니다.
(CIP제어번호: CIP2013014545)

이 책의 한국어판 저작권은 (재)천주교서울대교구 가톨릭출판사에 있습니다. 저작권법에 의해 보호를 받는
저작물이므로 무단 전재와 무단 복재를 금합니다.

크리스토퍼 하루 3분 묵상

제임스 켈러 지음 **염봉덕** 옮김

가톨릭출판사

NIHIL OBSTAT
Rev, Ioannes Lee
Censor Librorum
IMPRIMATUR
Most. Rev. Paulus Hwang Chul Soo, D.D,
Diocese of Busan
February 27, 2009

The Best of Three Minutes a Day

Copyright © 1989
by THE CHRISTOPHERS
All right reserved
Published in the United States of America

Korean translation copyright © 2013 by Catholic Publishing House

Permission to publish this book in Korean was given to the translator, Rev. Bong Duck Yeom(Francis Xavier), by The Christophers Publishing Company through the courtesy of Duk Woon Kim(Michael) who resides in New York.

이 책은 크리스토퍼스 출판사가 뉴욕에 거주하는 김덕운 씨를 통해서 한국어로 번역 출판을 할 수 있는 권한을 역자인 염봉덕 신부에게 주었습니다.

머리말

크리스토퍼스 출판사는 1945년에 제임스 켈러 신부님이 창설하셨습니다. 크리스토퍼christopher란 '그리스도와 복음 말씀을 전하고 매일의 생활에서 실천하는 사람'을 뜻하는 그리스어에서 온 이름입니다.

켈러 신부님은 모든 사람은 예외 없이 한 가지 사명을 가지고 살아간다고 생각하셨습니다. 그것은 우리가 모두 하느님의 따뜻한 사랑을 세상에 전하는 것입니다.

그뿐 아니라 우리 각자는 하느님에게 귀중한 존재이고 이 세상을 더욱 나은 사회로 만들 책임이 있으며, 적극적이고 긍정적인 생각은 기적을 일으킬 수 있다고 확신하셨습니다.

그래서 신부님은 사람의 모든 선한 행위는 강한 내적인 영성에서 나온다고 생각하여 《하루에 3분*Three Minutes a Day*》이란 묵상 책을 1949년도에 처음으로 출판하셨습니다. 출판되자마자 많은 그리스도인들에게 큰 호응을 불러일으킨 이 묵상 시리즈는 현재 인기리에 47권째 출판되었습니다.

켈러 신부님이 1977년 선종하신 후에도 저희 크리스토퍼스 출판사의 희망의 메시지는 전 세계로 전파되고 있습니다. 우리는 미국, 뉴질랜드와 영어권 국가들, 중남미의 그리스도인들을 위해서 영어와 스페인어로 출판된 묵상 시리즈와 신문의 칼럼, 라디오 방송과 텔레비전의 묵상 프로그램을 통해서 또 인터넷 웹사이트를 운영하고, 해마다 '올해의 크리스토퍼상賞'을 수여함으로써 희망의 메시지를 나누고 있습니다.

새로운 천 년기에 들어서면서 전 세계적으로 영성적인 문제와 미래 세계에 대한 관심이 고조되고 있습니다. 이러한 때에 본사의 편집 방침과 같이 2001년도부터 한국어로 번역된 3~7권 중에서 베스트만 모아서 새롭게 출판하게 된 것을 기쁘게 생각합니다. 한국 독자들도 영성적인 힘과 용기를 얻기를 바랍니다.

크리스토퍼스 출판사
총 책임 지도 신부
토마스 제이 맥시니

옮긴이의 글

뉴욕 크리스토퍼 출판사에서 영어와 스페인어로 47권째 출판된 《하루에 3분》이란 묵상 시리즈는 한국에서 2001년에 1, 2권을 번역 출판한 이래 현재 5권까지 출판되었습니다. 크리스토퍼 출판사는 5권까지 출판되면 그다음 해에는 이미 출판된 5권 가운데 가장 좋은 주제들을 선택해서 《베스트 하루에 3분 The Best Three Minutes a Day》이라는 제목으로 출판을 해 왔습니다. 그렇게 출판된 6, 7권 중에서도 가장 감명 깊은 주제들을 선택해서 가톨릭출판사를 통해 새롭게 출판하게 된 것입니다.

이 묵상 시리즈는 미국, 뉴질랜드와 영어권 국가들, 중남미의 가톨릭 신자들은 물론 모든 그리스도인 judea-christian들이 즐겨 읽고 있습니다. 10년이면 강산이 변한다고 하는데 무려 65년 동안 그리스도인들을 위해 해마다 시리즈로 영성적인 묵상집이 출판되고 있다는 것은 대단히 놀랍고 부러운 일입니다.

역자가 이 책을 읽은 것은 미국 뉴욕 롱아일랜드에서 교포 사목을 할 때였습니다. 그때 이후로 저는 지금까지 아침마다 성무일도와 함께 읽고 묵상하면서 사제 생활에 많은 도움을 받고 있습니다. 개인적인 영성 생활은 물론이고 주일 강론이나 본당의 모임과 레지오 훈화 등을 할 때 교우들에게 좋은 반응을 얻었습니다.

그래서 이 책을 한국어로 번역하면 성직자, 수도자, 평신도들에게 영성적으로 많은 도움이 되리라고 생각하고 크리스토퍼 출판사의 번역 허락을 받아, 출판사의 창설자이신 제임스 켈러 신부님이 쓰신 제6권부터 제10권 가운데 가장 좋은 내용을 모아 출판한 제25권과 제26권을 지난 2001년부터 계속하여 시리즈로 번역 출판하게 된 것입니다.

저자는 이 책에서 독자들이 인생의 근본적인 문제를 묵상하도록 이끌어 줍니다. 하느님께서는 우리를 왜 창조하셨는가? 어떻게 하면 그분을 잘 흠숭할 수 있는가? 그분은 이 세상을 더 밝고 나은 곳으로 만들기 위해서 내가 무엇을 하기를 원하시는가? 이러한 질문은 우리 각자에게 매우 진지하게 다가오는 질문들입니다. 지금도 우리는 여전히 이런 질문을 자신에게 하고 있습니다.

역자는 독자들이 이 책을 통해서 하느님께 희망과 위로, 그리고 격려와 용기를 얻기를 바라고 아울러 위의 질문에 대한 해답 또한 얻기를 바랍니다. 끝으로 뉴욕 크리스토퍼스 출판사에서 한국어 번역 허가를 얻어 준 서울대학교 문리대 뉴욕 동창회장을 지낸 김덕운(미카엘) 님과 이 책이 나오도록 도와주신 모든 분들께 진심으로 감사드립니다.

2013년 8월
부산 교구
염봉덕 신부

차례

머리말 · · · · · · · · · · · · · · · · · 5
옮긴이의 글 · · · · · · · · · · · · · · 7

총알 대신 날아온 사랑

총알 대신 날아온 사랑 · · · · · · · · · · · 19
인생에서 가장 완벽한 나이 · · · · · · · · 22
사랑을 증명하는 방법 · · · · · · · · · · · 24
마라톤은 최후 5분이 중요하다 · · · · · · 27
젊어지는 데 많은 시간이 걸렸다! · · · · · 29
위기의 때, 나무에게서 배운다 · · · · · · 32
나폴레옹의 회고담 · · · · · · · · · · · · · 35
진정한 기쁨은 지나가지 않는다 · · · · · 38
교향곡 빨리 작곡하는 법 · · · · · · · · · 41
참으로 위대한 사람 · · · · · · · · · · · · · 44

47	사탄이 바라는 것
50	사라지지 않는 상처
53	링컨의 신앙심
56	어떻게 쓸 것인가
59	코가 크고 말이 느리다 해도
62	임무 수행을 위한 시간
65	캄캄한 밤을 걸을 수 있는 힘
68	정글에서 살아남기
71	내 마음속 페어플레이
74	죽을 때 손에 쥐고 있는 것
77	신선한 용기를 주는 가르침
79	실패 속의 세계 신기록
82	불가능한 이상적인 삶
85	고아 같은 나를
88	사계의 사나이처럼
91	태양을 보고 배우는 신비
94	첨단 무기와 돌고래
97	현실주의자가 전하는 사랑
100	진정한 승리와 사랑
103	먹고 마실 수 있는 행복

진흙의 자세

표지판 없는 도로	109
철제 빔을 든 총사령관	112
날마다 은총의 시기	115
쓸데없이 불행해 하지는 않는가	118
하느님이 부끄러운가	121
성공은 어디에서 오는가	124
마음을 열고 기회를 찾자	127
우리가 탐험해야 할 곳	130
천국 극장의 영원한 자리	133
사람을 살리는 양	136
하필이면 열세 번째 창문	139
나는 빛과 어둠만 구별한다	142
나만의 향기	145
효과가 뛰어난 치료제	148
왜 기도해야 하는가	151

154	따라갈 생각이 전혀 없소
157	누구에게나 있는 십자가
160	진정한 슈퍼스타
163	진정한 기회를 주시는 분
166	연민의 정
169	어느 폭풍우 몰아치던 날 밤
172	낙천적인 마음
175	하기 어렵고 힘든 말
178	꽃도 가라지가 될 수 있다
181	저 사람 대신 나를
184	부메랑 같은 인생의 법칙
187	가장 근본적인 충성
190	진흙의 자세
193	말로 받아 되로 주기
196	달콤한 열매를 위해

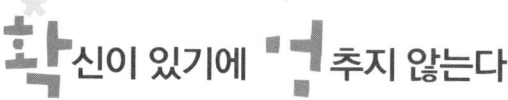

확신이 있기에 멈추지 않는다

소망의 씨앗으로 자라는 나무	201
9회 말 역전 드라마	204
안전하고 영원한 재물	207
위대한 지도자들의 다른 점	210
황금률	213
하얀 맹세	216
진정한 용기	219
미지근한 신앙생활 탈출법	222
의탁이라는 은총	225
언제나 어디서나 무엇이든지	228
한 번만 죽는 사람	231
농부 아내가 탈 노새는?	234
총이 무섭지 않은 믿음	236
당신은 숨 쉬고 있는가	239
하느님 나라의 평행 이론	242

244 ······· 나는 왕이다
247 ······· 어둠 속에서 초를 켜는 것
250 ······· 솔로몬 임금의 지혜
253 ······· 포기하지 않을 때 오는 은총
256 ······· 확신이 있기에 멈추지 않는다
259 ······· 나를 뒤쫓는 하늘의 사냥개
262 ······· 그리스도께서 이 방에 오시면
265 ······· 확실한 인생의 지도자
268 ······· 인생이란 거친 바다의 항해사
271 ······· 광대가 쥐어 준 지팡이
274 ······· 기회는 언제나 있다!
276 ······· 그들과 대화할 수만 있다면
279 ······· 유익한 충고를 하는 법
282 ······· 아찔한 위험이 없기 때문에
285 ······· 죽어도 기뻐할 수 있는 이유

이

촛날대신 날아온 사랑*

총알 대신 날아온 사랑

 자신에게 마음의 상처를 주고 적대시하는 사람을 친절하게 대하는 것은 쉬운 일이 아니다. 그것은 상당한 수양을 필요로 하는 어려운 행동이다. 그러나 자신의 감정을 극복하고 적이라도 선의로 대하는 사람은 수양이 잘된 사람이다.
 우리 주위에 그런 사람들이 있다는 사실은 희망이 된다. 우리는 적까지도 선의로 대할 수 있는 자신감과 인격을 가진 사람이 되도록 항상 노력해야 한다.

 남북 전쟁 때 로버트 리 장군이 이끄는 남군이 북군의 막강한 화력 때문에 심각한 타격을 받고 패배 직전에 몰리게 되었다. 리 장군은 말을 타고 병사들이 고통받는 현장과 아직도

전투를 계속하고 있는 곳을 둘러보고 있었다. 그런데 부상당한 북군 병사 한 사람이, 리 장군이 가까이 오자 반항적인 거친 말투로 "남북 통일 만세!" 하고 고함을 쳤다.

그 북군 병사는 자신에게 총알이 날아올 줄 알았다. 그러나 리 장군은 말에서 내리더니 "당신이 심하게 다친 데 대해 미안하게 생각한다. 나는 당신이 곧 회복되기를 바란다." 하고 말했다. 리 장군의 뜻밖의 친절에 감동한 북군 병사는 "장군의 사랑의 정신은 나의 가슴을 찢어 놓았습니다. 저는 영원히 잠들고 싶습니다." 하고 외쳤다.

사람들은 흔히 다른 사람이 자신에게 불친절할 것이라고 미리 짐작하여 그를 미워하는 경우가 많다. 그러나 그런 생각과 달리 상대방이 우정 어린 친절한 말이나 행동을 보이면 적대적인 감정이 금방 사라지고 받은 친절을 재빨리 되돌려주게 된다. 미움이 미움을 가져오듯이 사랑은 사랑을 가져온다.

"그러나 내 말을 듣고 있는 너희에게 내가 말한다. 너희는 원수를 사랑하여라. 너희를 미워하는 자들에게 잘해 주고,

너희를 저주하는 자들에게 축복하며, 너희를 학대하는 자들을 위하여 기도하여라."(루카 6,27-28)

주님, 미워하는 사람에게도 연민의 정을 베풀 수 있는 아량을 주소서.

인생에서 가장 완벽한 나이

많은 사람들이 대학에 입학하거나 직장에 들어가면 빨리 학년을 올라가거나 빨리 진급하고 싶어 한다. 그러다가 시간이 지날수록 학생은 취업 문제, 직장인은 미래에 대한 걱정 등으로 고민이 많아진다. 그러면서 저학년이었을 때나 신입 직원이었을 때가 좋았다고 생각한다. 이러한 현상은 사회 모든 분야에서 비슷하게 일어난다.

우리는 "인생에서 가장 좋은 이상적인 나이는 언제인가?" 하는 질문을 던지곤 한다. 열두 살 소년은 열일곱 살이 가장 좋은 나이라 하고, 열일곱 살 소년에게 물어보면 열아홉 살이나 스무 살이 더 좋은 나이라고 대답한다. 이런 현상은 스무 살이 되기 전까지 일반적으로 일어나는 현상이다. 이후에는 대부분의 사람들이 이상적인 나이는 자신의 나이보다 약간 더 적은 것이라고 생각한다.

그러나 특정한 나이가 완벽한 나이가 될 것이라고 기대한다는 점이 큰 문제다. 우리는 큰 착각을 하고 있다. 완벽한 나이라는 것은 없으며 각 나이마다 장점과 단점이 있음을 알아야 한다. 만약 적극적인 마음 자세로 생각한다면 어떤 나이든지 보람 있고 행복한 시절이 될 수 있다. 문제는 우리의 마음 자세다.

지나간 어떤 시절이 이상적인 때였다고 생각하면서 과거에 너무 얽매이지 말아야 한다. 그리고 참으로 행복한 시절이 앞으로 올 것이라고 기대하며 시간을 낭비하지도 말아야 한다. 가장 중요한 것은 현재 생활을 만족하고 즐기는 것이다.

이렇게 말씀하셨다. "때가 차서 하느님의 나라가 가까이 왔다. 회개하고 복음을 믿어라."(마르 1,15)

아버지 하느님, 저희 삶의 매 순간이 당신 나라를 향해 나아간다는 사실을 깨닫게 하소서.

사랑을 증명하는 방법

야고보 사도는 "믿음에 실천이 없으면 그러한 믿음은 죽은 것입니다."(야고 2,17)라고 말했다. 이 말씀은 세례를 받은 그리스도인들이 형식적인 신앙생활을 하지 말고 하느님의 말씀을 실제로 실천하는 신앙인이 되어야 한다는 것을 의미한다.

솔직히 말해서, 우리들은 말로만 가톨릭 신자라고 하면서 신자다운 표양을 보이지 못하는 경우가 너무나 많다.

이렇게 언행이 일치하지 않는 그리스도인들에게 경종을 울리는 인상 깊은 글이 있다. 독일의 뤼베크에 있는 주교좌성당을 방문하는 사람들은 오래 전에 정문 위에 쓰인 글을 읽고 자신이 신앙생활을 제대로 하고 있는지 뒤돌아보게 된다.

그리스도를 주님이라고 말하는 그리스도인들에게 :

나를 주님이라고 말하면서, 나의 뜻에 순명하지 않는다.

나를 빛이라고 말하면서, 나를 쳐다보지 않는다.

나를 길이라고 말하면서, 나와 동행하지 않는다.

나를 생명이라고 말하면서, 나를 원하지 않는다.

나를 지혜의 원천이라고 말하면서, 나를 따르지 않는다.

나를 공정한 분이라고 말하면서, 나를 사랑하지 않는다.

나를 영적으로 풍요롭다고 말하면서, 나에게 청하지 않는다.

나를 영원한 분이라고 말하면서, 나를 찾지 않는다.

나를 자비로운 분이라고 말하면서, 나를 신뢰하지 않는다.

나를 고상한 분이라고 말하면서, 나를 존경하지 않는다.

나를 전능하다고 말하면서, 나를 공경하지 않는다.

나를 정의롭다고 말하면서, 나를 두려워하지 않는다.

만약 내가 너를 단죄해도, 나를 비난하지 않는다.

하느님과 이웃을 사랑한다는 것을 입증하기 위해서는 말만으로는 부족하다. 고상한 말에는 실제적인 행동이 뒷받침되어야 한다.

"나에게 '주님, 주님!' 한다고 모두 하늘 나라에 들어가는 것이 아니다. 하늘에 계신 내 아버지의 뜻을 실행하는 이라야 들어간다."(마태 7,21)

구세주 예수님, 저의 신앙생활에서 당신의 뜻을 실천할 수 있는 길을 알려 주소서.

마라톤은 최후 5분이 중요하다

우리는 어려운 일을 당했을 때 시련을 극복하기 위해서 노력한다. 그러다 끝까지 참아 내지 못하고 중간에 포기하는 경우도 많다. 마지막 단계를 견뎌 내지 못하고 좌절하기도 한다. 그리고 나중에 조금만 더 인내심을 가지고 포기하지 않았으면 시련을 이겨 냈을 거라며 후회한다. 마라톤은 최후 5분이 중요하다는 말이 있다.

미국 뉴저지 주의 뉴브런즈윅에 사는 한 사냥꾼은 눈이 많이 내린 날 어린 딸이 실종되어 절망적인 상태에 빠졌다. 구조요원 150여 명이 눈으로 덮여 있는 들판과 산을 몇 시간 동안 수색했으나 실종된 어린이를 찾을 수가 없었다. 그래서 더 수색해도 어린이를 찾을 수 없다고 결론을 내리고 수색을 중지

했다. 그러나 구조 요원 중 한 사람은 마지막으로 한 번 더 찾기 위해 어린이의 집으로 가는 길을 다시 가 보기로 결심했다. 눈으로 덮여 있는 좁은 길을 가고 있는데 사람의 발자국이 없는 곳에 구멍이 나 있는 것을 발견했다. 그리고 그곳에서 강아지 울음소리 같은 소리가 들려왔다. 맨손으로 작은 눈구덩이를 파들어 가, 10시간 동안이나 실종되었던 어린이를 구해 냈다.

인내가 항상 성공으로 끝나는 것은 아니지만 인내심 없이는 성공할 수 없다. 우리가 하는 일이 실종된 어린이를 구조하는 것이든 아니면 사회 각 영역에서 일어나는 어려운 일을 이겨 내는 것이든 끝까지 인내심을 가지고 중도에 포기하지 않는 사람에게 하느님께서는 복을 내려 주신다.

예수님께서 그에게 이르셨다. "쟁기에 손을 대고 뒤를 돌아보는 자는 하느님 나라에 합당하지 않다."(루카 9,62)

아버지 하느님, 저희가 당신의 뜻을 실천하는 데 인내심을 가지고 나아가도록 이끌어 주소서.

젊어지는 데 많은 시간이 걸렸다!

뉴욕 시내의 맨해튼에는 메트로폴리탄 박물관과 현대 미술관이 있다. 박물관에는 고대 이집트, 그리스와 중세 시대의 귀중한 유물들이 전시되어 있다. 그리고 현대 미술관에는 19~20세기 현대 미술품들이 많이 전시되어 있다. 유명한 화가인 고갱, 피카소, 세잔, 고흐 등의 작품을 감상할 수 있기 때문에 미술관은 항상 미술 애호가들로 붐빈다.

20세기 스페인이 낳은 불멸의 화가 피카소가 여든다섯 살이 되었을 때 미술 평론가들에게 "당신은 왜 초기 작품들보다 후기 작품들이 더 과감하고 역동적인가?" 하는 질문을 받았다. 사실 피카소의 후기 작품들은 젊은 미술가들의 작품보다 더 대담하고 강렬한 인상을 준다.

피카소는 평론가들에게 "젊어지는 데 많은 시간이 걸렸다."라고 대답했다. 지나간 세월이 미술에 대한 그의 창조적인 생각과 열정을 식게 하지 못했다. 피카소는 다른 화가들처럼 나이가 들수록 그림에 대한 열정과 의욕이 식은 것이 아니라 오히려 새로운 아이디어와 통찰력, 의욕이 솟아났다. 이러한 현상은 다른 사람들에게도 영감을 준다. 피카소가 그렇게 할 수 있다면 우리도 그렇게 할 수 있다는 동기 부여가 되고 설레는 자신감으로 의욕을 갖게 된다.

에드워드 피셔는 자신이 저술한 《황혼의 인생》이라는 책에서 "나이 든 사람의 생활 태도는 살아온 인생 여정에서 만났던 사람들에게서 얻은 값진 유산으로 이루어진다." 하고 말했다.

만약 당신이 살아오면서 어려움에 빠져 있는 사람들을 격려할 수 있는 마음을 갖게 되었다면 인생을 통해서 얻을 수 있는 그 어떤 것보다 더 귀중한 유산을 가진 것이다. 그리고 우리 각자가 인생을 통해서 얻은 좋은 덕목이나 재능을 자신만을 위해서 사용하지 않고 다른 사람에게 베푼다면 더욱 유익할 것이다.

하느님, 당신께서는 제 어릴 때부터 저를 가르쳐 오셨고 저는 이제껏 당신의 기적들을 전하여 왔습니다. 늙어 백발이 될 때까지 하느님, 저를 버리지 마소서. 제가 당신 팔의 능력을, 당신의 위력을 앞으로 올 모든 세대에 전할 때까지(시편 71,17-18).

주님, 저희가 인생을 통해서 얻은 유익한 교훈을 자녀들과 젊은이들을 위해서 사용할 수 있는 기회와 지혜를 주소서.

위기의 때, 나무에게서 배운다

초여름이 되면 미국에서는 카리브 해안에서 발생한 허리케인이 동부 해안을 따라 올라오기 때문에 많은 인명과 재산의 피해를 입는다. 특히 플로리다에 사는 사람들은 허리케인 때문에 많은 고통을 받는다. 아시아에서는 적도 지방에서 발생하는 태풍 때문에 동남아 국가들과 극동 지역에 사는 사람들이 매년 막대한 피해를 입는다.

그러나 이런 강풍에도 해안가나 산에 있는 나무들은 큰 피해를 받지 않는다. 과학자들은 "가정집이나 빌딩은 나무보다 더 좋은 지역에 짓기 때문에 강한 태풍에도 무너지지 않고 나무보다 더 안전하다." 하고 말한다.

그런데도 나무는 태풍에 쉽게 부러지지 않고 살아남는데

가정집이나 높은 건물이 피해를 입는 이유는 무엇인가? 그 답은 간단하다. 나무는 강한 바람의 위력을 피하기 위해서 바람이 부는 대로 휘고 구부러진다. 그래서 나무는 태풍이 불어도 생존할 수 있는 것이다.

우리도 인생 여정에서 위기가 닥쳐올 때 정면으로 대응하는 것보다는 나무처럼 유연하게 대처해야 하지 않을까? 어려운 문제가 생겼을 때 한 가지 방법만 고집할 것이 아니라 다른 방법도 생각해 볼 필요가 있다.

예를 들어 자신이 현재 다니는 직장에 만족하지 못한다면 다른 분야에 눈을 돌려 보자. 사람을 대할 때도 마찬가지다. 자기 생각만 고집할 것이 아니라 상대방의 의견도 경청하고 존중한다면 더 좋은 관계를 이룰 수 있다.

우리는 가정이나 직장, 이웃 사람들과 맺는 관계에서 좀 더 유연하게 대처할 필요가 있다. 그리고 현재 직면한 문제나 예측 가능한 미래의 일에도 유연하게 대처하면 우리는 더 객관적이고 성숙한 단계로 도약하고, 그 결과도 훨씬 만족스러울 것이다.

"바람은 불고 싶은 데로 분다. 너는 그 소리를 들어도 어디에서 와 어디로 가는지 모른다. 영에서 태어난 이도 다 이와 같다."(요한 3,8)

성령이신 하느님, 저희의 귀를 열어 주시고 저희가 당신께서 주시는 은총을 따르게 하소서.

나폴레옹의 회고담

요즘은 옛날과 달리 왕이 지배하는 나라는 거의 없다. 영국의 엘리자베스 여왕이나 일본의 천황도 상징적인 의미만 있을 뿐이지, 실질적으로 국가를 운영하는 권한은 없다. 그러나 옛날의 왕들은 입법과 사법, 행정을 동시에 장악함으로써 막강한 권력을 가지고 있었다.

어떤 왕들은 왕이라는 칭호도 마음에 차지 않아서 국민들에게 황제라고 선포하기도 했다. 심지어 황제라는 칭호도 마음에 차지 않아서 자신을 신격화하기도 했다. 예수님께서 활동하시던 당시의 로마 제국의 아우구스투스 황제도 그런 사람들 중 하나였다.

인류 역사를 보면 왕들은 대부분 자기 나라를 다스리는 것에 만족하지 않고 남의 나라를 침범하여 거대한 왕국을 만들었다. 중국의 진시황제는 일곱 개로 나눠져 있는 중국의 작은 나라들을 통일하여 자칭 황제가 되었다. 유럽에서는 로마의 아우구스투스 황제 외에도 여러 황제가 있었다.

그중에서 근세에 황제로 군림한 사람은 나폴레옹이다. 그의 막강한 군대는 전 유럽을 정복했고, 자신은 황제의 자리에 앉았다. 그러나 그는 결국 세인트헬레나 섬으로 유배되는 처지에 놓였다.

먼 외딴 섬에 유배된 나폴레옹은 많은 생각을 했다. 그중에서 우리의 흥미를 끄는 회고담이 있다. "알렉산더 대왕, 카이사르(시저), 징기스 칸과 나는 거대한 왕국을 이루었다. 우리가 무슨 힘으로 왕국을 세웠는가? 한마디로 칼과 강력한 군대를 가지고 왕국을 건설했다. 그러나 예수 그리스도만이 유일하게 사랑으로 그의 왕국을 건설했다. 그리고 이 왕국을 위해서 수많은 사람이 목숨을 바쳤다."

그리스도께서는 사랑에 기반을 둔 새로운 방법을 사람들에게 가르쳤다. 세상은 그 전까지 결코 이런 가르침을 들은 적이 없었다. 2000여 년이 지난 지금까지도 이 세상 반 이상의 사람들이 그의 사랑의 정신을 알지 못하고 있다.

> 내가 너희에게 새 계명을 준다. 서로 사랑하여라. 내가 너희를 사랑한 것처럼 너희도 서로 사랑하여라(요한 13,34).

하느님, 당신께서 저를 사랑하셨듯이 저도 당신을 사랑하고 싶습니다.

진정한 기쁨은 지나가지 않는다

'즐겁다, 기쁘다'는 말은 우리가 아주 좋아하는 말이다. 항상 인생을 즐겁게 사는 사람보다 행복한 사람이 어디 있는가? 평생 우울하게 슬픔 속에서 살고 싶은 사람은 없다.

누구나 기쁘고 즐겁게 살고 싶은 것은 인지상정이다. 성경에는 '기쁨'이라는 단어가 130번 이상 나온다. 하느님께서는 우리가 참된 즐거움 속에서 살아가기를 원하신다.

그러나 하느님께서 말씀하시는 즐거움의 개념은 우리가 세속적으로 생각하는 쾌락과는 본질적으로 다르다. 진정한 기쁨은 세속적인 쾌락이 아니라 마음과 영혼이 일치된 기쁨이다.

진정한 기쁨은 잠깐 지나가는 것이 아니고 깊이 있고 지속적이며 심지어는 영원한 것이다. 그리고 우리가 역경과 고통 속에서도 느낄 수 있는 기쁨이다.

예수님께서는 요한 복음서에서 이렇게 말씀하신다. "이처럼 너희도 지금은 근심에 싸여 있다. 그러나 내가 너희를 다시 보게 되면 너희 마음이 기뻐할 것이고, 그 기쁨을 아무도 너희에게서 빼앗지 못할 것이다."(요한 16,22)

세속적인 쾌락은 항상 육체적이고 물질적인 것과 연관이 있다. 물론 그것이 때로는 우리에게 일시적으로 도움을 주고 유용한 것이 되기도 한다. 그러나 자신의 야심이나 개인적인 목적을 위해서 사용될 때는 고작 물 위에 떠돌다 사라지는 거품 같은 것인데, 사람들은 그것을 참된 기쁨으로 착각하기도 한다. 티모테오서 저자는 "자기 욕심대로 사는 과부는 살아 있어도 죽은 몸입니다."(1티모 5,6) 하고 말했다. 티모테오서 저자는 영혼과 마음이 일치되어 나오는 기쁨 속에 항상 즐겁게 살라고 말했다.

주님 안에서 늘 기뻐하십시오. 거듭 말합니다. 기뻐하십시오(필리 4,4).

구세주 예수님, 저희가 슬픔과 걱정이 있는 곳에 기쁨을 가져오는 사람이 되게 하소서.

교향곡 빨리 작곡하는 법

어떤 스포츠에서도 유명한 선수가 되려면 기본기에 충실해야 한다. 그래서 유능한 스포츠 감독들은 많은 시간이 걸리더라도 선수들을 기본기부터 착실히 훈련시킨다.

스포츠뿐만 아니라 모든 분야에서도 기본이 잘 되어 있지 않으면 성공할 수 없다. 음악, 미술, 문학 등 어떤 분야의 전문가든지 마찬가지다. 과학이나 의학도 기초 분야를 소홀히 하면 발전에 한계가 있다.

작곡법을 공부한 지 얼마 되지 않은 학생이 모차르트를 찾아와서 교향곡을 빨리 작곡할 수 있는 방법을 가르쳐 달라고 부탁했다.

모차르트는 교향곡을 작곡하는 것은 음악을 배운 지 얼마 안 된 학생에게는 아주 어려운 일이라고 말했다. 그렇기 때문에 처음에는 교향곡보다 쉬운 소품곡을 작곡하는 것이 더 도움이 되며 어느 정도 시간이 지나면 교향곡을 작곡할 수 있을 것이라고 말했다. 학생이 "그렇겠지요." 하고 퉁명스럽게 대답하자 모차르트는 "더 할 말이 없다."라고 대답했다.

어느 분야에서든지 초보자는 인내심이 없고 쉬운 길을 택하며 노력의 결과를 빨리 보고 싶어 한다. 기본적인 기술이나 기초를 단단히 하는 것은 시간이 많이 걸리지만 그 시간은 결코 헛되이 낭비하는 것이 아니다.

하느님의 사랑을 위해서 특별히 이웃 사람들을 돕고자 하는 사람들은 기다림의 자세를 지녀야 한다. 기본을 익히는 데에 빠르고 쉬운 길은 없다. 사랑을 나누는 과정에서 우리는 실망과 오해와 견디기 어려운 장애들을 만날 수 있다. 그러나 좌절하지 않고 하루하루 끈기 있게 노력하는 길밖에 다른 비결은 없다. 인내는 우리의 성실함을 시험하는 척도다.

그리하여 게으른 사람이 되지 말고, 약속된 것을 믿음과 인내로 상속받는 이들을 본받는 사람이 되라는 것입니다 (히브 6,12).

주님, 저희가 무슨 일을 하든지 서두르지 말고 오래도록 인내하게 하소서.

참으로 위대한 사람

사람은 누구나 자신이 하는 일에서 성공하고 싶어 한다. 그리고 야심이 많은 사람은 역사에 위대한 사람으로 자신의 이름을 길이 남기고 싶어 한다. 그러나 역설적이게도, 성공하기 쉽고 위대한 사람이 되기 쉽다면, 위대한 사람이라는 말은 오히려 가치가 없어질 것이다.

위대한 사람이 되기 위해서는 여러 가지 덕목과 많은 노력이 필요하다. 그러나 세속적인 관점에서 생각하는 위대한 사람과, 모든 사람들이 인정하는 위대한 사람의 기준은 다르다. 그렇다면 어떻게 해야 진정한 의미에서 위대한 사람이 될 수 있을까?

위대한 일을 성취하기 위해서 노력하고 일하는 사람에게 특별히 남다른 비결은 없다.

벤자민 프랭클린은 기자들이 그의 인생관에 대한 질문을 하자 이렇게 말했다. "어떤 사람이 선을 추구하며 이웃을 위해서 열심히 선행을 할 때 바로 그 선행에 의해서 진정한 의미의 위대한 사람이 될 수 있습니다. 그리고 그 선행으로 말미암아 우리는 주위에 올바른 인생관을 가진 사람들이 많아지도록 할 수도 있습니다."

계속해서 그는 "선행을 쌓지 않고 위대한 사람이 될 수 있다고 생각하다면 그것은 잘못된 생각입니다. 선의 덕목을 갖추지 않은 사람이 동시에 위대한 사람이 된다는 것은 절대 불가능하다고 확신합니다." 하고 말했다.

사람의 관점에서 다른 이들이 우리를 위대하다고 판단하든 하지 않든 선행을 위해 꾸준히 노력할 때, 우리는 하느님의 관점에서 위대한 사람에 가까이 가게 된다.

살아가면서 많은 재산을 갖는 것이 바람직하다면 모든 것을 이루는 지혜보다 더 큰 재산이 어디 있겠는가?(지혜 8,5)

성령님이시여, 저희가 세속적인 관점이 아니라 당신이 보시는 기준에 따라 저희의 행동과 가치를 판단하게 하소서.

사탄이 바라는 것

당신은 자신의 이익만 추구하는 이기적인 사람인가? 아니면 어려운 이웃에게 관심을 가지고 도와주는 박애주의자인가? 아니면 중간 정도에서 살아가는 무사안일주의자인가?

물론 우리는 인색한 이기주의자가 되어서는 안 된다. 그런 사람이 많아지면 이 세상은 얼마나 삭막한 곳이 되겠는가?

자신과 다른 사람의 삶에 큰 행복을 준 사업가가 있었다. 그에게는 그가 공동선으로 나아가 자신의 이익에 집착하지 않도록 조언해 주는 친구가 있었다. 어느 날 사업가가 그 친구에게 자신의 속마음을 솔직히 말했다.

"나는 자네가 원하는 것을 할 수 없네. 물론 다른 사람들에게도 관심은 있네. 모든 사람들이 나를 좋아하도록 만들 수 있는 모든 것을 하고 있지." 사업가는 자신이 문제의 핵심을 제대로 파악하지 못하고 있다는 것을 깨닫지 못했다.

그는 '남을 사랑하는 것'이 그리스도인의 첫째 의무라는 것을 알지 못하고, 자신의 인생 목적이 '모든 사람들이 자신을 좋아하게 만드는 것'이라고 스스로 인정한 셈이다.

사탄은 우리가 다른 사람에게 관심을 가지기보다는 자신에게 관심을 가지도록 유혹하는 일이 더 쉽다는 것을 알고 있다. 다른 사람에게는 관심을 가지지 않고 자신만을 생각하는 이기주의자가 되게 하려는 사탄의 책략에 굴복하지 않도록 기도하자.

우리는 자신을 사랑하듯이 다른 사람을 사랑하는 정도에 따라 이 세상과 하느님 나라에서 행복을 누릴 것이다.

"사랑은 참고 기다립니다. 사랑은 친절합니다. 사랑은 시기하지 않고 뽐내지 않으며 교만하지 않습니다. 사랑은 무례하지 않고 자기 이익을 추구하지 않으며 성을 내지 않고

앙심을 품지 않습니다. 사랑은 불의에 기뻐하지 않고 진실을 두고 함께 기뻐합니다."(1코린 13,4-6)

주님, 다른 사람들이 저를 얼마나 사랑하는지에 관심을 두기보다는 오히려 제가 다른 사람들을 어떻게 사랑할 수 있을지에 관심을 갖도록 이끌어 주소서.

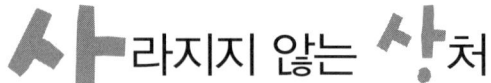사라지지 않는 상처

대인 관계에서 상대방의 거칠고 무례한 말 때문에 받은 상처는 오랫동안 사라지지 않고 많은 고통을 준다.

로버트 풀러는 "나무 막대기나 돌로 사람을 때리면 뼈를 부러트릴 수 있다"라는 속담을 예로 들면서 "상대방의 말은 마음에 큰 상처를 줄 수 있다."라고 말했다. 그의 말은 사실이다. 거칠고 모욕적인 말은 우리의 가슴에 비수같이 꽂힌다. 마음의 상처는 외적인 상처보다 쉽게 치유되지 않고 오래간다. 차라리 거친 말보다 육체적인 가해가 상처를 덜 주고, 좀 더 쉽게 잊혀진다.

우리가 다른 사람들에게 어떻게 말하느냐에 따라서 그 결과는 크게 달라질 수 있다. 친절하게 말할 때와 불친절하게 말할 때 나타나는 결과는 전혀 다르다. 특히 상대방의 출신, 배경, 외모, 행동, 신앙에 대한 거칠고 모욕적인 말은 그에게 커다란 상처를 준다. 이런 말들은 유익하고 성숙한 대화가 될 수 없다.

사람은 우리가 사용하는 말처럼 단순하지 않기 때문에 상대방에게 가지는 잘못된 고정 관념과 상투적인 말투는 상대방뿐만 아니라 우리 자신에게도 해롭다.

공격적이고 모욕적인 말은 다른 사람의 인격에 커다란 상처를 준다. 비웃음이나 조롱, 폄하고 헐뜯는 말투는 상대방에게 상처를 준다. 이와 달리, 칭찬이나 격려 또는 위로의 말은 상대방에게 커다란 힘을 주고 우리 자신을 더욱 성숙한 사람으로 만들어 준다.

우리는 거친 논쟁을 할 때나 화가 났을 때 이성을 잃고 상대방에게 모욕적인 말을 할 때가 있다. 그러나 아무리 화가 나더라도 거칠고 무례한 말을 하지 않도록 해야 한다.

그러기 위해서 우리는 평소에 항상 상대방의 장점을 찾아서 칭찬하고 그들이 어려울 때 격려하고 위로하는 습관을 들여야 한다.

여러분의 입에서는 어떠한 나쁜 말도 나와서는 안 됩니다. 필요할 때에 다른 이의 성장에 좋은 말을 하여, 그 말이 듣는 이들에게 은총을 가져다줄 수 있도록 하십시오(에페 4,29).

지혜의 원천이신 성령님, 저희가 다른 사람에게 하는 말이 그들에게 더욱더 도움이 되도록 도와주소서.

링컨의 신앙심

현 미국 대통령이 거주하고 있는 백악관 앞에는 국회 의사당과 스미소니언 박물관 등 주요 관공서와 기념물이 많다. 그리고 백악관 건너편 언덕에는 링컨 기념관과 기념탑이 우뚝 솟아 있다.

백악관 맞은편에 링컨 기념관을 세웠다는 사실에서 미국인들이 링컨 대통령을 얼마나 사랑하고 존경하는지를 잘 알 수 있다. 그의 고매한 인품과 남북 전쟁을 승리로 이끌어 노예 해방을 주도한 훌륭한 업적 때문에 미국인들은 링컨을 역대 대통령 중에서 가장 존경하는 인물로 꼽는다.

그가 했던 거의 모든 연설에는 하느님을 향한 깊은 신앙심이 드러난다. 그가 왜 그런 생각을 했는지 아는 것은 어렵지 않다. 그는 끊임없이 자신의 생각과 행동을 더욱 높은 경지에 이르도록 노력했다.

링컨은 1863년 11월 19일 볼티모어에서 역사적인 게티즈버그 명연설을 했다. 그의 창조주에 대한 깊은 신앙심은 연설문에서 선명하게 나타난다.

"하느님의 보호 아래under God 있는 이 국가는 새로운 자유의 탄생을 맞이하게 되었습니다. '국민의of the people', '국민에 의한by the people', '국민을 위한for the people' 정부는 이 세상에서 영원히 사라지지 않을 것입니다."

그의 연설문 초안에는 '하느님의 보호 아래'라는 말은 포함되어 있지 않았다. 자신이 직접 연설문에 이 표현을 넣음으로써 연설문이 자신의 뜻에 의한 것이라는 것을 보여 줬다.

그는 연설문 초안이 불완전하다는 것을 직감적으로 느끼고 마지막 부분에 가장 중요한 문구를 추가함으로써 이후에 미국이 올바른 방향으로 나아가는 지침이 되는 연설을 할 수 있었다.

주님께서는 지혜를 만드시고 알아보며 헤아리실 뿐 아니라 그것을 당신의 모든 일에, 모든 피조물에게 후한 마음으로 쏟아 부으셨으며 당신을 사랑하는 이들에게 선물로 주셨다. 주님의 사랑은 영광스러운 지혜이며 그분께서는 당신을 보여 주실 이들에게 지혜를 베푸시어 당신을 알아보게 하신다(지혜 1,9-10).

하느님, 저희가 궁극적으로는 당신께 한 모든 일에 책임을 져야 한다는 것을 깨닫게 하소서.

어떻게 쓸 것인가

사람의 수명은 점점 늘어나고 있다. 많은 사람들이 앞으로 약 50년 후에는 세계 인구가 오늘날의 배가 될 것으로 예상하고 있다. 평균 수명이 늘어나는 것은 좋은 현상이지만 늘어난 시간을 유용하게 쓰는 것은 큰 문제다.

몇백 년 전만 해도 질병이 많았고 의학의 발전이 미미했기 때문에 지구상의 전체 인구는 지금과 비교해서 얼마 되지 않았고 평균 수명도 지금보다 상상할 수 없을 정도로 낮았다.

오스트리아가 자랑하는 작곡가 모차르트는 서른다섯 살이라는 젊은 나이에 죽었다. 마케도니아의 알렉산더 대왕은 서른세 살에 죽었으며 천재 시인 셸리는 시른 실에, 그리고 동시대 시인이었던 키츠도 스물여섯 살에 요절했다.

과학자, 의사, 약학자들의 지속적인 연구로 오늘날의 사람들은 반세기 전에 살았던 사람들보다 훨씬 더 오래 살고 있다. 의학의 발전은 수많은 사람이 과거보다 더 오래, 더 건강하게 사는 데 큰 공헌을 하고 있다.

그러나 우리는 과거보다 더 오래 살기 때문에 생긴 시간을 뜻있고 좋은 목적을 위해 써야 한다. 그리고 이 귀중한 시간을 자기 중심적으로 사용하지 말고 사람의 존재 이유인 영적인 세계의 문제를 위해 써야 한다. 하느님께서는 내세에 당신과 함께 영원한 행복을 누리도록 사람을 만드셨고 사람들이 이 세상에서 당신의 존재를 믿고 사랑하며 흠숭하기를 바라신다.

사람이 아무리 오래 산다고 해도 언젠가는 죽을 존재다. 따라서 과거보다 더 오래 살게 되었지만 인생을 마음대로 허비하지 않고 하느님 나라를 동경하면서 보람 있는 삶이 되도록 해야 한다.

우리 가운데에는 자신을 위하여 사는 사람도 없고 자신을 위하여 죽는 사람도 없습니다. 우리는 살아도 주님을 위하여 살고 죽어도 주님을 위하여 죽습니다. 그러므로 우리는 살든지 죽든지 주님의 것입니다(로마 14,7-8).

저를 창조하시고 재능과 능력을 주신 하느님, 제가 영원히 살 수 있도록 하늘나라를 예비해 주셔서 감사드립니다.

코가 크고 말이 느리다 해도

　인류 역사상 위대한 인물들은 자신에게 닥친 시련과 역경을 적극적으로 극복하고 각고의 노력을 통해 성공을 거둔 사람들이다. 역사가 포브스는 이렇게 말했다. "세상에 주목받았던 이들이 성공하기 전에 반드시 큰 장애물에 부딪혔던 것은 역사를 통해 알 수 있다. 그들은 거듭되는 실패에도 용기를 잃지 않았기 때문에 승리자가 될 수 있었다."

　미국의 영화배우 클린트 이스트우드는 1949년 유니버설 영화사에서 해고당했다. 이유는 앞니가 하나 빠져 있고 목의 울대가 지나치게 튀어나온 데다가 말도 너무 느리다는 것이었다. 그러나 그는 각종 국제 영화제에서 많은 상을 받은 유명한 배우로 성공했다. 그가 처음 영화사의 말을 듣고 좌절하여 배우의 길을 포기했다면 오늘의 성공은 없었을 것이다.

〈누구를 위하여 좋은 울리나〉와 〈카사블랑카〉 등 수많은 영화에 출연한 잉그리드 버그먼도 배우 지망생 때 코가 너무 크고 배우로서는 치아가 너무 튀어나왔다는 이유로 영화사에서 해고되었다. 그러나 그녀는 이 말에 좌절하지 않고 열심히 노력해서 세계적인 명배우가 되었다.

맥아더 장군도 육군 사관 학교에 세 번만에 합격했다. 이후 빛나는 무공을 세워 미국 역사상 처음으로 별 다섯 개를 다는 육군 원수가 되었다. 만약 그가 두 번째 떨어졌을 때 좌절하고 포기했다면 제2차 세계 대전과 한국 전쟁의 영웅이 되지 못했을 것이다.

링컨도 블랙 호크 전쟁 때 장교로 참전했다가 순간의 실수로 사병으로 강등되었다. 그러나 절망하지 않고 노력하여 오늘날에도 미국인들이 가장 존경하는 대통령이 되었다.

여러분도 알고 있듯이, 여러분의 믿음이 시험을 받으면 인내가 생겨납니다(야고 1,3).

주님, 저희에게 시련과 역경을 슬기롭게 극복할 수 있는 지혜를 주소서.

수행을 위한 시간

우리는 어려서부터 시간을 헛되이 보내지 말고 아껴 써야 한다고 배웠다. 우리가 시간을 쓰는 방법에 따라서 운명이 갈린다고도 할 수 있다. 시간을 유용하게 쓰는 사람과 생각 없이 허송세월로 살아가는 사람을 비교해 보라. 누가 인생을 더 보람 있게 사는 사람인가?

벤자민 프랭클린이 이런 지혜로운 말을 했다. "시간을 낭비하지 마십시오. 왜냐하면 우리 인생은 우리의 적은 시간들이 모여서 이루어지기 때문입니다."

시간의 가치는 몇 번을 강조해도 부족할 정도로 귀중하다. 우리가 낭비하는 한 시간과 몇 분, 심지어는 몇 초도 영원히 다시는 되돌릴 수 없다. 이 세상에서 보내는 시간을 영원한 세계를 위한 징검다리나 디딤돌로 생각한다면, 우리는 이 세상을 그저 지나치지 말고 보람 있게 살아야겠다고 생각할 것이다.

영원한 세상에서 하느님과 같이 행복을 누리는 기준은 이 세상에서 우리가 어떻게 살았는지에 달려 있다는 사실을 한 순간도 잊지 말아야 한다.

우리가 아무리 오래 장수를 누린다고 해도 전능하신 하느님께서 우리에게 부여하신 특별한 임무를 수행하기에는 시간이 너무나 짧다. 우리는 하느님의 도구로서 이 세상에 필요한 하느님의 사랑과 평화 그리고 자비를 전할 임무가 있다. 이런 임무를 위해서는 시간을 낭비하지 말아야 한다.

이렇게 한다면 수천 년 전 구약의 시편 저자처럼 기쁜 마음으로 하느님께 말씀드릴 수 있을 것이다.

"정녕 천 년도 당신 눈에는 지나간 어제 같고 야경의 한때와도 같습니다."(시편 90,4)

구세주 예수님, 천국에 가기를 갈망하는 저희가 이 세상에서 매 순간 당신의 사랑을 다른 사람에게 전해야 한다는 것을 잊지 않게 하소서.

캄캄한 밤을 걸을 수 있는 힘

가톨릭교회에는 신자들의 영성 생활에 많은 도움을 주는 영성의 대가들이 많다. 초대 교회 시대에는 사막이나 동굴에 은둔하면서 오직 기도와 묵상 생활에만 전념했던 수많은 은둔 수도자들이 있었다.

중세에는 스페인의 세고비아에서 기도와 명상 생활로 교회 영성에 많은 기여를 한 십자가의 요한 성인이 있었다.

20세기에는 트라피스트 수도회의 회원인 토마스 머튼이 있었다. 토마스 머튼은 자신의 기도 생활과 묵상을 통해서 얻은 영성을 여러 책으로 출판했다. 특히 한국에서도 번역, 출판된 그의 자서전 《칠층산》에서 그는 이렇게 말했다. "나의 인생은 앞을 볼 수 없는 캄캄한 밤중에 어떤 분의 손에 이끌려서 살아온 것 같다. 그리고 나를 이끌어 주신 분은 하느님의 섭리와 사랑이라고 확신한다."

토마스 머튼은 어떻게 이런 결론에 도달했을까? 그리고 어떻게 자신이 "캄캄한 밤중에 어떤 분의 손에 이끌려서 살아온 것 같다."라는 깨달음을 얻었을까? 그것은 바로 기도 생활을 통해서 묵상 중에 깨달은 것이다.

우리도 그와 같이 꾸준히 기도하며, 말을 하지 않고 자신의 생각을 노트에 쓰며 단순히 주님을 바라보는 묵상 생활과 전례 생활로 이 진리를 터득할 수 있다. 이외에도 토마스 머튼의 깊은 영성을 느낄 수 있는 말들을 살펴 보자.

* 사람의 이해를 초월하는 신비인 하느님을 흠숭하라.
* 주님께서 주신 모든 은총에 감사하라.
* 필요한 것이 있으면 기도를 통해서 주님께 간구하라.
* 다른 사람이 필요한 것도 같이 청하는 것을 잊지 마라.
* 기도를 통해 하느님의 뜻을 찾아 순명하고 실천하라.

그리고 마지막으로 가장 중요한 것은 기도 생활에서 얻은 것을 행동으로 옮겨서 우리의 이웃에게 좋은 표양을 보이는 것이다.

"청하여라, 너희에게 주실 것이다. 찾아라, 너희가 얻을 것이다. 문을 두드려라, 너희에게 열릴 것이다."(마태 7,7)

하늘에 계신 하느님, 저희가 항상 열심히 기도하도록 도와주소서.

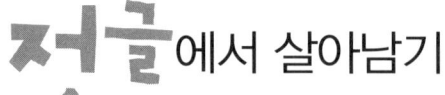에서 살아남기

예수님께서는 제자들과 추종자들의 기대와는 달리 수난을 받으시고 십자가에 못 박혀 돌아가셨다. 그러나 예수님께서는 사흘 만에 부활하셔서 제자들에게 다시 용기를 주셨다.

그 후 40일 간 제자들에게 발현하신 후에 승천하셨다. 예수님께서는 두려움에 떠는 제자들에게 협조자를 보낼 터이니 예루살렘을 떠나지 말라고 당부하셨다. 그리고 10일 후에 제자들에게 성령이 내렸다.

1939년과 1940년도 미식 축구 최우수 선수로 연달아 선정된 토미 헤이먼은 미시간 대학교의 학생이었다. 제2차 세계 대전이 시작되자 그는 공군 폭격기 조종사로 전투에 참전했다. 어느 날 그는 남태평양 전투에서 일본군의 집중 포화로 어느 섬 정글의 나무 위에 불시착했다. 비행기는 산산조각 났으나 다행히도 그는 큰 부상을 입지 않고 탈출할 수 있었다.

비상식량과 물도 없이 정글에서 살아남는 것은 거의 불가능하다. 정글에는 뱀, 해충, 늪지대가 있고 열대 지방의 폭염 때문에 며칠을 견디는 것도 쉬운 일이 아니다. 그러나 헤이먼은 나침반을 이용해서 해안가로 이동했다.

다행히 미식축구로 단련된 강인한 체력이 큰 도움이 되었고, 그리스도인인 그의 신앙심과 기도는 결정적인 힘이 되었다. 마침내 정글 속에서 사람이 다닌 흔적이 있는 오솔길을 발견하고 마을에 도착했다.

기자들이 "어떻게 그런 악조건에서 살아남을 수 있었는가?" 하고 묻자 그는 이렇게 대답했다. "견진성사를 통해서 받은 성령님이 나의 마음속에 항상 계신다는 확신을 가졌기 때문에 도와 달라고 계속 기도했다. 묵주 기도를 백만 번은 했을 것이다." 성령님과 성모님이 자기를 구해 주시리라 확신했다는 것이다.

우리는 모두 시련과 역경을 당하더라도 좌절하지 말고 헤이먼과 같은 신앙심으로 이겨 내야 할 것이다.

하느님께서는 우리에게 비겁함의 영을 주신 것이 아니라, 힘과 사랑과 절제의 영을 주셨습니다(2티모 1,7).

성령님이시여, 저희가 어려움을 겪을수록 더욱 성령님과 성모님께 도움을 구하도록 도와주소서.

내 마음속 페어플레이

우리는 사회생활을 하면서 자신의 성공을 위해서 경쟁자를 비방하거나 그의 결점을 다른 사람들에게 말하고 싶은 유혹을 받는 경우가 있다. 그러나 그것은 비열한 행동이다. 정정당당하게 경쟁해서 이겨야 한다.

운동 경기에서 심판이 보지 않는 사이에 반칙을 해서 이기는 것은 바람직하지 않다. 그래서 운동 선수들은 페어플레이 정신을 강조한다. 인생살이도 마찬가지다.

이슬람교의 창시자인 무함마드에 대해 내려오는 일화 중에 처세의 중요성을 잘 설명해 주는 이야기가 있다.

어느 날 아침 한 제자가 무함마드를 찾아와서 "선생님, 제여섯 형제가 잘 때 저는 자지 않고 알라신께 예배를 드렸습니다." 하고 자랑했다. 이 말을 들은 무함마드는 "알라신을 예배할 때 잠자는 형제들을 비판하는 마음을 가지지 않았더라면 더 좋았을 것이다." 하고 대답했다. 즉 다른 사람을 비방하고 중상모략하여 자신을 높이려고 하지 말라는 것이다.

다른 사람의 결점을 드러내고 확대하는 습관은 이 세상을 더 나은 세상으로 만들지 못한다. 물론 잘못된 행동은 비난받아야 하지만, 부정적이고 파괴적인 방법이 아니라 긍정적이고 건설적인 방법으로 바로잡아야 한다.

크리스토퍼, 즉 그리스도를 전하는 사람들은 죄는 혐오하지만 죄인을 미워하지는 않는다. 그리스도인은 정의와 평화와 진리를 추구하지만 다른 사람의 감정에 상처를 주면서까지 추구하지는 않는다.
크리스토퍼스 출판사의 좌우명을 "어둠 속에서 절망하기보다는 희망의 촛불을 켜는 것이 더 낫다."라고 정한 이유가 바로 여기에 있다.

누가 "나는 하느님을 사랑한다." 하면서 자기 형제를 미워하면, 그는 거짓말쟁이입니다. 눈에 보이는 자기 형제를 사랑하지 않는 사람이 보이지 않는 하느님을 사랑할 수는 없습니다(1요한 4,20).

주님, 저희가 다른 사람에게 상처를 주면서 성공하려는 유혹에 빠지지 않도록 도와주소서.

죽을 때 손에 쥐고 있는 것

사람이 죽을 때 가지고 갈 수 있는 것은 아무것도 없다. 이 세상에서 아무리 많은 재물을 소유한 사람도 죽을 때는 한 푼도 가지고 갈 수 없다. 아무리 비싼 관에 재물을 넣어서 간다고 해도, 화장터의 화로 속에서 불에 타 버리거나 땅에 묻혀 썩어 없어질 것이다. 그렇다. 명예, 학식, 권력, 인기 등 그 어느 것도 가지고 갈 수 있는 것은 없다.

인디언 속담 중에 "우리가 죽을 때 손에 쥐고 갈 수 있는 것은 우리 생전에 우리가 남에게 베푼 것이다."라는 말이 있다. 미리이 에보라가 일흔한 살에 죽었을 때, 그녀는 손에 많은 것을 가지고 있었다. 그것은 자신이 생전에 도와준 비행 청소년들이었다. 그녀가 죽기 전까지만 해도 마약 중독자, 성폭행을 당해 임신한 소녀, 갱단에 속했던 청소년들이 그녀를 찾아왔다. 그녀는 그들의 문제를 같이 고민하며 해결할 수 있도록 도와주고 그들이 용기를 가지고 다시 시작할 수 있도록 인도해 주었다. 그녀는 그들이 잠재된 능력을 개발하고 자신감을 가지도록 격려해 주었다.

그녀가 구해 준 청소년 중 한 사람은 지금 법과 대학에 다니고 있다. 그는 "에보라는 어머니 같았다."라고 말했다. 또 다른 이는 "그녀를 처음 만났을 때 그녀는 나를 반갑게 대하면서 하느님께서 나를 사랑하신다는 것을 가르쳐 주었다."라고 말했다.

마리아 에보라는 평범한 삶을 살다 간 것 같지만, 위대한 유산을 남겼다. 그녀는 많은 비행 청소년들을 도와서 새로운 인생을 살도록 용기와 힘을 줌으로써 많은 친구를 남기고 죽은 것이다.

계명을 생각해서 빈곤한 이를 도와주고 그가 궁핍할 때 빈손으로 돌려보내지 마라. 네 보화를 지극히 높으신 분의 계명에 따라 내놓아라. 그러면 그것이 순금보다 훨씬 이득이 되리라. 네 곳간에 자선을 쌓아 두어라. 그것이 너를 온갖 재앙에서 구해 주리라(집회 29,9.11-12).

하느님, 저희의 재능과 능력을 자신만이 아니라 다른 사람을 위해서 쓸 수 있도록 도와주소서.

신선한 용기를 주는 가르침

신앙생활에서 가장 중요한 것은 기도 생활이다. 기도를 열심히 하지 않고서는 깊은 신앙생활에 들어갈 수 없다. 기도는 하느님과 직접 대화하는 것이다. 기도를 통해서 하느님과 같이 기쁨과 슬픔을 나눌 수 있다. 어려울 때는 친한 친구처럼 하느님께 도움을 구하기도 한다.

이 모든 것이 기도를 통해서 이루어지는 것이다. 따라서 예수님께서도 제자들에게 "항상 쉬지 말고 기도하라."라고 말씀하셨다. 그러나 기도가 그렇게 쉬운 것은 아니다. 많은 사람들이 매일 기도해야 하는 것을 잘 알지만, 기도를 소홀히 한다.

우리는 매일 기도하는 시간을 마련해 놓는가? 미국의 제34대 대통령인 아이젠하워는 기도의 중요성에 대해 이렇게 말했다. "기도는 생활에 필수적인 요소다. 햇빛과 음식, 물 그리고 때로는 다른 것들처럼 생활의 가장 기본적인 것이다."

도스토옙스키는 "기도하는 것을 소홀히 하지 마라. 만약 당신이 진지하게 기도드린다면 기도할 때마다 새로운 의미를 알게 될 것이다. 그리고 기도는 신선한 용기를 주는 가르침이라는 것을 이해하게 될 것이다." 하고 말했다.

우리는 기도를 통해 하느님께 찬양과 흠숭, 영광을 드릴 수 있다. 또 주님께서 우리에게 주신 은총에 감사드리고 자신의 내면세계를 들여다볼 수 있다.

그뿐만 아니라 기도는 우리가 생각하고 말하고 행동하는 모든 것을 변화시킨다. 오늘 당신의 생활과 하느님과 맺는 관계에 대해 묵상해 보라. 놀라운 변화가 일어날 것이다.

희망 속에 기뻐하고 환난 중에 인내하며 기도에 전념하십시오(로마 12,12).

성령님이시여, 저희에게 오셔서 저희가 매일 기도하는 사람이 되도록 도와주소서.

실패 속의 세계 신기록

 우리는 살아가면서 여러 가지 일을 겪는다. 기쁜 일이 있으면 슬픈 일도 있다. 시련과 역경을 겪을 때 어떤 자세로 받아들이고 극복해 내는지가 대단히 중요하다. 우리는 완벽한 존재가 아니기 때문에 가끔 실수도 하고 실패도 하기 마련이다. 실패란 돌이킬 수 없을 정도로 치명적인 것은 아니다.

 영국의 로저 베니스터는 세계 최초로 육상 1,600미터 종목에서 4분대를 돌파한 육상 선수다. 그런데 이런 놀라운 기록은 쉽게 이루어진 것이 아니다. 그는 1952년 하계 올림픽 육상 1,600미터 달리기에서 금메달을 따지 못했다. 당시 영국의 가장 훌륭한 육상 선수라고 기대를 모았던 그는 금메달은 커녕 동메달도 따지 못했다. 그는 올림픽에서 메달을 하나도 따지 못한 사실 때문에 한동안 실의에 빠져 있었다. 보통 사람 같으면 아마 육상을 포기했을 것이다.

그러나 그는 육상계에서 은퇴하지 않고, 얼마 후 올림픽의 실패를 교훈 삼아 다시 육상을 시작했다. 그리하여 2년 후 세계 육상 선수권 대회에서 놀라운 세계 신기록을 세웠다.

우리는 실패를 두려워하지 말아야 한다. 인생은 어차피 실패의 연속이기 때문이다. 실패하지 않는 유일한 길은 우리가 아무것도 하지 않고 지내는 것이다. 아마도 공동묘지에 누워 있는 사람들은 다시는 인생의 실패를 맛보지 않을 것이다.

중요한 것은 실패했을 때 어떻게 대처하느냐 하는 것이다. 실패했을 때 좌절감에 빠져서 모든 것을 포기해서는 안 된다. 실패는 끝이 아니라 새로운 시작임을 항상 기억해야 한다.

> "오늘"이라는 말이 들리는 한 여러분은 날마다 서로 격려하여, 죄의 속임수에 넘어가 완고해지는 사람이 하나도 없도록 하십시오(히브 3,13).

저의 희망이신 하느님, 제가 실패하는 순간에 좌절하지 않고, 실패가 새로운 시작이라는 적극적이고 긍정적인 생각을 갖게 하소서.

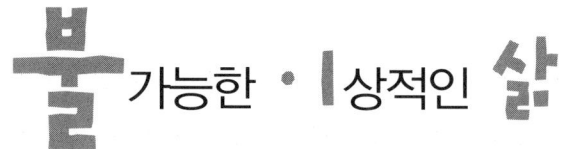

불가능한 이상적인 삶

하루는 제자들이 예수님께 와서 "주님, 요한이 자기 제자들에게 가르쳐 준 것처럼, 저희에게도 기도하는 것을 가르쳐 주십시오."(루카 11,1) 하고 청했다. 그러자 예수님께서는 제자들에게 '주님의 기도'를 가르쳐 주셨다.

지금도 예루살렘 성 건너편 언덕에 가면 예수님께서 제자들에게 이 기도를 가르쳐 주신 곳을 기념하는 '주님의 기도 성당'이 있어 많은 사람들이 이 성당을 순례한다. 그리고 이 성당 회랑 가운데에는 여러 나라 말로 기도문이 쓰여 있다.

기도하기가 힘들다고 하는 사람들은 주님의 기도를 하루에 한 번이라도 천천히 묵상하면서 기도해 보라. 아주 훌륭한 기도가 될 것이다.

하느님의 피조물인 우리가 하루를 주님의 뜻대로 완전하게 산다면 얼마나 기쁠 것인가? 사람들은 대부분 이 말에 동의할 것이다. 그런 결심을 한 날 저녁, 우리는 잠들기 전에 진심에서 우러나오는 찬미와 감사를 하느님께 드릴 수 있다.

이러한 이상적인 삶을 살아가는 것은 우리의 힘만으로는 어렵고, 하느님의 도우심이 필요하다. 9세기에서 15세기까지 스페인에서 사용된 전례에서는 교우들이 하루를 하느님의 뜻에 따라 살 수 있도록 주님께 도움을 청원하는 아름다운 기도를 드렸다.

"오 주님, 오늘 하루를 세속적인 유혹과
　더러움에 빠지지 않고
　기쁨과 평화 속에 지내게 해 주시고
　저녁 무렵에 모든 유혹을 물리치고 기쁜 마음으로
　집으로 돌아가게 하소서.
　그리고 하루 종일 영원하신 당신을 찬양하게 하소서.
　우주 만물을 주관하시는 하느님,
　저희에게 은총을 주소서."

나의 반석이신 주님께서는 찬미받으소서. 내 손에 전투를, 내 손가락에 전쟁을 가르치시는 분(시편 144,1).

주님, 저희가 당신이 원하는 평화의 길로 나아가게 하시니 감사드립니다.

고아 같은 나를

자녀가 없는 가정은 입양을 해서 자녀를 키우는 경우가 많다. 입양아를 두세 명 키우는 가정도 있고, 그보다 더 많은 아이를 입양해서 키우는 가정도 있다.

또 장애아를 입양해서 희생적으로 키우는 가정도 있다. 자신의 자녀가 장애아인 경우에도 키우기 힘든데, 입양까지 해서 키우는 것을 보면 정말 대단한 일이다.

미국 위스콘신주 동부에 있는 도시 밀워키에 어떤 부유한 가정이 있었는데, 그 가정에는 케니라는 이름의 열두 살짜리 아들만 하나 있었다. 그래서 자연히 아들이 원하는 것은 무엇이나 다 사 주었다. 그러나 케니는 항상 부족함을 느꼈다. 케니는 자기와 같이 놀며 어울릴 수 있는 친구를 원했다.

그래서 아버지는 아들보다 한 살 어린 가난한 집 아들을 양자로 입양했다. 두 소년은 대단히 행복했다. 케니는 같이 어울릴 수 있는 친구가 생겼고, 입양된 소년은 전에는 가질 수 없던 많은 것을 즐길 수 있어서였다.

두 소년이 하루는 정원에서 축구공을 가지고 놀고 있는데, 입양된 아이가 "나도 케니 네가 가지고 있는 축구공을 갖고 싶어." 하고 말했다. 그는 축구를 좋아했기 때문에 축구공을 가지는 것이 소원이었다. 그러자 케니가 "왜 아버지께 축구공을 사 달라고 하지 않니?" 하고 물었다. 입양아는 "나에게 잘해 주시는 양부모님에게 부담을 주고 싶지 않아." 하고 말했다. 그 말을 들은 케니는 이렇게 말했다. "걱정하지 마. 나의 아버지가 너의 아버지야. 아버지는 내가 원하는 것은 무엇이든지 다 해 주셔. 너에게도 네가 원하는 대로 해 주실 거야. 만약 네가 원하는 것이 잘못되었으면 그렇다고 말씀하실 거야. 아버지는 너에게 좋은 것이라면 다 해 주실 거야."

우리도 하느님의 아들딸로 입양된 자녀들이다. 하느님께

서는 우리에게 좋은 것이라면 무엇이든지, 우리가 청하는 대로 들어주신다. 예수님께서는 우리가 많은 것을 하느님과 나누기를 바라신다.

> 그러므로 사랑받는 자녀답게 하느님을 본받는 사람이 되십시오(에페 5,1).

주님, 저희가 세례성사를 받음으로써 하느님의 자녀가 되었음을 잊지 않게 하시고, 항상 당신의 자녀답게 살게 하소서.

사계의 사나이처럼

영국의 왕 헨리 8세는 1600년대에 자신의 이혼 문제로 가톨릭에서 떨어져 나와 독자적인 교회인 성공회를 만들었다. 당시 헨리 8세는 왕비와 이혼하기 위해 교황청에 이혼을 허락해 달라고 신청했다. 그러나 교황청은 교회법에 어긋난다고 거절했다.

그러자 헨리 8세는 영국의 가톨릭교회를 박해하고 영국 교회인 성공회를 세워 자신이 직접 수장이 되었다. 그런 과정에서 가톨릭을 지지하는 수많은 고위 성직자, 수도자, 평신도들이 순교했다. 그중 대표적인 평신도는 《유토피아》를 저술한 토마스 모어다.

당시 그는 헨리 8세의 바로 아래 권력 서열인 대법관이었다. 왕은 토마스 모어의 깊은 학식과 인품, 그리고 그의 유머 감각과 인간적인 면을 대단히 좋아했다. 그러나 그가 자신의 이혼과, 왕이 영국 교회의 수장이 되는 것에 반대하자 둘의 사이는 급속도로 나빠졌다.

헨리 8세가 토마스 모어에게 자신을 지지하라고 설득해도 그가 끝까지 이혼을 반대하자, 결국 1535년, 헨리 8세는 그를 처형했다. 400여 년이 지난 후 가톨릭교회는 그를 성인품에 올렸다. 아마 많은 사람들이 그의 일생을 다룬 〈사계의 사나이〉라는 영화를 보았을 것이다.

토마스 모어는 열성적인 신자였다. 날마다 조금씩 성경을 읽고, 기도를 드리고, 아내와 자녀들 그리고 자신의 집에 온 손님들과 영적인 문제에 대해서 토론하기를 좋아했다. 그는 매일 미사에 참례하고, 묵주 기도를 드리고, 성가대 단원으로서 성가를 부르며, 때때로 미사 복사를 서기도 했다.

그는 가난하고 배우지 못한 사람을 차별하지 않았다. 그가 유명하고 부유한 사람들을 집에 초대하는 일은 거의 없었다. 그는 모범적인 신앙생활을 했다. 우리도 모두 토마스 모어와 같은 신앙생활을 할 수 있다. 내일로 미루지 말고 오늘 바로 시작하자.

몸의 단련도 조금은 유익하지만 신심은 모든 면에서 유익합니다. 현재와 미래의 생명을 약속해 주기 때문입니다(1티모 4,8).

주님, 저희도 토마스 모어처럼 모범적인 신앙생활을 할 수 있도록 하소서.

태양을 보고 배우는 신비

그리스도교의 교의 중 가장 이해하기 어려운 것이 삼위일체의 신비다. 초대 교회에서 성부, 성자, 성령의 관계를 신학적으로 정립하기까지 많은 어려움을 겪었고, 시간이 지남에 따라 고대 그리스 철학의 용어를 사용해서 삼위일체 교의를 정립했다.

삼위일체 신비란 한 하느님께서 세 위격으로 존재하는데, 이 세 위격은 동일하고, 동일하게 영원하며 전능하시다는 것이다. 삼위일체 신비는 절대 신비로서, 계시된 이후에도 이성적으로는 이해할 수 없는 신비다. 그래서 초대 교회의 유능한 신학자들이 이 신비를 잘못 해석함으로써 파문을 당하기도 했다.

어느 날 미국의 한 신부가 시카고 공항에서 비행기를 기다리면서 바로 옆에 앉아 있는 무신론자와 이야기를 나누게 되었다. 무신론자는 자신이 이해할 수 없는 교리는 믿을 수 없다고 말했다. 특히 삼위일체 신비는 누구도 그에게 정확하게 설명해 주지 못했다고 말했다.

신부가 창문을 통해 보이는 태양을 가리키면서 "당신은 태양을 믿느냐?" 하고 물었다. 그는 "물론이다." 하고 대답했다. 신부가 말했다. "창문으로 들어오는 빛은 1억 킬로미터가 넘게 떨어진 태양에서 오고 있다. 동시에 우리는 태양의 빛에서 열을 느낀다. 삼위일체 신비도 이와 비슷하다. 태양은 사랑 자체이신 하느님이시고, 빛은 은총과 계시의 빛을 내시는 예수님이시고, 열은 따뜻한 친교와 사랑의 일치를 이루시는 성령이시다. 당신은 이 사실을 어떻게 생각하느냐?" 그러자 그 무신론자는 화제를 다른 것으로 바꿔 버렸다.

신부의 말처럼 삼위일체 신비는 태양과 비슷하다. 태양이 없으면 사람은 살아갈 수 없다. 태양은 빛과 열, 밤과 낮의 변화를 자아내고, 나쁜 세균을 죽이며, 식물이 자라도록 한다.

삼위일체 신비도 우리에게 내적인 힘을 주고, 영적으로는 하느님을 사랑하는 힘을 주며, 우리의 마음에 참된 기쁨을 준다. 옛날 사람들이 태양을 신으로 숭배한 것은 이상한 일이 아니다. 그들은 태양을 만드신 하느님을 알지 못했기 때문에 태양을 신으로 숭배했던 것이다.

예수님께서 대답하셨다. "내가 진실로 진실로 너에게 말한다. 누구든지 물과 성령으로 태어나지 않으면, 하느님 나라에 들어갈 수 없다."(요한 3,5)

주님, 저희가 삼위일체 신비를 묵상하며 항상 성부와 성자와 성령의 이름으로 사랑을 실천하게 하소서.

첨단 무기와 돌고래

사람을 사회적 동물이라고 말한다. 사람은 태어나면서부터 가족과 함께 생활하고, 자라서는 많은 사람들과 관계를 맺으면서 살아간다. 실제로 아무도 없는 외딴 섬에서 혼자 살고 있는 사람도 없고, 그렇게 살 수도 없다.

톰 행크스가 주연한 영화 〈캐스트 어웨이〉에서 주인공은 비행기 추락으로 무인도에서 살게 된다. 생활이 너무 어렵고 외로워서 몇 번이고 자살을 시도하기도 하지만, 그는 시련을 이겨 내고 마침내 구조된다.

사람은 혼자서는 살아갈 수 없다. 가족과 친척, 친구와 직장 동료, 이웃과 같이 어울려서 살아간다. "자신의 어려움을 들어 주고 격려해 주는 친구가 한 사람만 있어도 그는 행복한 사람이다."라는 말이 있다. 당신은 그런 친구가 있는가?

미국의 해군은 1962년 새로운 어뢰를 시험하다가 이상한 문제에 직면했다. 음파 탐지기가 목표물에 음파를 보낼 때마다 어떤 소리가 수중에서 되돌아왔다. 수중에서 되돌아오는 이 신비로운 소리 때문에 항상 어뢰는 목표물을 정확히 파괴하지 못하고 빗나갔다.

미 해군은 이런 일이 왜 일어나는지 그 이유를 알아내기 위해 무려 2년이라는 시간을 보냈다. 결국 돌고래가 어뢰와 친구가 되고 싶어서 자신의 소리를 보냈다는 것을 알게 됐다. 돌고래가 친구가 되고 싶어서 보낸 음파는 첨단 어뢰를 무용지물로 만든 것이다.

우정은 분노와 적대감을 없앨 수 있다. 분노와 적대감 같은 감정은 마음에 상처를 주고 공포심을 일으킨다. 그러나 우정은 그런 감정을 누그러트리고 자신감을 갖도록 한다. 우리는 사람들을 항상 부드럽게 대하는 태도를 가져야 할 것이다.

부드러운 대답은 분노를 가라앉히고 불쾌한 말은 화를 돋운다(잠언 15,1).

구세주 하느님, 우리가 언제나 누구에게나 인내와 우정 어린 태도로 대할 수 있도록 도와주소서.

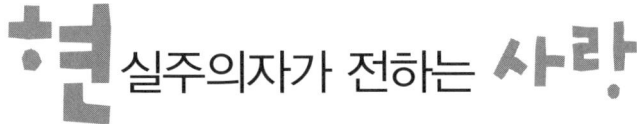
현실주의자가 전하는 사랑

예수님의 가르침 중에서 가장 실천하기 어려운 계명은 원수를 사랑하라는 계명이다. 어떤 사람은 이 가르침을 현실적으로 실천하는 것은 불가능하다고 말한다.

"당신을 사랑하는 사람을 사랑하기는 쉽다. 그러나 공공연히 당신을 비방하고 해치는 사람을 어떻게 사랑할 수 있는가?" 니체는 원수를 사랑하라는 그리스도교의 가르침은 약하고 비겁한 자들의 것이지, 강하고 용감한 사람들을 위한 것이 아니라고 혹평했다. 그러면서 '그리스도는 비현실적인 이상주의자'라고 말했다. 그러나 그리스도는 비현실적인 이상주의자가 아니라 진정한 현실주의자다.

고대 그리스어 성경에서 '사랑'이란 말은 세 가지 단어로 표현된다. 첫째는 에로스 $\xi\rho\omega\varsigma$로, 연인 사이의 낭만적인 사랑이다. 둘째는 필리아 $\phi\iota\lambda\iota\alpha$, 곧 친구 사이의 우정을 의미한다. 셋째는 아가페 $\dot{\alpha}\gamma\dot{\alpha}\pi\eta$인데 모든 것을 이해하고 선의로 대하는 것을 의미한다.

종교적인 의미에서 사랑이란 하느님께서 주시는 사람을 향한 조건 없는 사랑, 즉 아가페를 의미한다. '원수를 사랑하라'는 것은 아가페적인 사랑, 즉 이해하고 선의로 대하라는 뜻이다. 여기서 원수를 사랑하라는 예수님의 말씀이 올바른 가르침인 이유를 생각해 보자.

증오를 증오로 보복하면 증오가 더욱 커진다. 그리고 미움과 증오는 사람의 영혼에 상처를 입히고 인격을 일그러트린다. 증오를 없애는 유일한 방법은 사랑이다. 그리고 사랑만이 원수를 친구로 만들 수 있다.

미국 링컨 대통령은 참모들의 극렬한 반대에도 불구하고 대통령 선거전에서 자신을 가장 신랄하게 비난한 스캔톤을 국방 장관에 임명했다. 스캔톤은 링컨의 장례식에서 "그는 이 세상에 살았던 가장 위대한 인물이고 세대를 초월해서 영원히 살아 있다."라고 말했다. 원수를 사랑하라는 예수님의 가르침은 오늘날 우리에게 가장 필요한 말씀이다.

너희는 먼저 하느님의 나라와 그분의 의로움을 찾아라. 그러면 이 모든 것도 곁들여 받게 될 것이다. 그러므로 내일을 걱정하지 마라. 내일 걱정은 내일이 할 것이다. 그날 고생은 그날로 충분하다(마태 6,33-34).

주님, 저희에게 원수까지도 사랑할 수 있는 너그러운 마음을 주소서.

진정한 승리와 사랑

예수 부활 대축일은 초대 교회에서 가장 큰 축일이었다. 그리스도는 수난을 받고 십자가 위에서 돌아가신 지 3일만에 부활하심으로써 진정한 승리가 어떤 것인지 보여 주셨다.

16세기 영국의 시인 에드먼드 스펜서는 그의 사행시四行詩 68번에서 부활을 찬양하는 아름다운 시를 남겼다.

가장 영광된 주님, 이날에
당신은 죽음과 죄에서 승리하셨습니다.
또한 지옥을 정복한 당신은 그곳에서
죄의 포로가 된 저희를 데려오셨습니다.

당신의 부활로 기쁨 가득한 날
우리의 기쁨도 새롭게 시작됩니다.
우리를 위해서 돌아가신 주님,
당신의 성혈로 우리 죄를 씻어 주셨으니
이제 우리가 영원한 행복 속에 살게 하소서.

당신의 극진한 사랑을 받은 우리도
당신처럼 영원히 사랑하게 하소서.
값진 희생을 치르신 당신을 위해
우리도 당신을 위해 사랑으로 서로 위로하게 하소서.

사랑이야말로 우리의 주님께서 몸소 가르치신
우리의 일 그러니 우리 서로 사랑하세, 진실로 사랑하세
부활의 축복이 여러분과 함께 하시기를 빕니다.

(이해인 수녀 번역)

젊은이가 그들에게 말하였다. "놀라지 마라. 너희가 십자가에 못 박히신 나자렛 사람 예수님을 찾고 있지만 그분께

서는 되살아나셨다. 그래서 여기에 계시지 않는다. 보아라, 여기가 그분을 모셨던 곳이다."(마르 16,6)

부활하신 구세주 예수님, 당신께서 저희를 사랑하신 것처럼 저희도 서로 사랑하도록 도와주소서.

먹고 마실 수 있는 행복

사람이 인육을 먹다는 이야기나 자신의 살과 피를 양식으로 준다는 이야기는 분명히 화젯거리가 될 것이다.

동물의 세계에서는 이런 경우를 가끔 볼 수 있다. 펠리컨 어미는 새끼가 먹이를 달라고 울면, 자신의 가슴팍을 부리로 찍어 내어 살과 피를 먹여 준다고 한다.

우리 교회에서도 이 새의 행동이 최후의 만찬 때의 예수님 모습과 닮았다고 하여 제의나 상본에 그려 넣는다.

예수님께서 그들에게 이르셨다. "내가 진실로 진실로 너희에게 말한다. 너희가 사람의 아들의 살을 먹지 않고 그의 피를 마시지 않으면, 너희는 생명을 얻지 못한다."(요한 6,53)

이 말씀은 그 당시 사람들로서는 모두 잘 알고 있는 옛날 이야기였다. 왜냐하면 유대인들은 제사를 드릴 때 제물 가운데 일부만 제단에서 번제로 사용하였고, 나머지는 사제들과 참석한 백성들이 함께 나누어 먹었기 때문이다.

그뿐만 아니라 유대인들은 신에게 제사를 드린 제물에는 신이 들어오게 되므로, 제물을 나누어 먹는 사람은 신의 능력과 생명을 받는다고 믿었기 때문에, 예수님의 말씀을 잘 이해할 수 있었다. 이와 같이 대부분의 제사에서 피를 뿌리는 것처럼 그리스도의 계약의 제사도 피를 흘림으로써 완전한 제사가 되었다.

그러므로 그리스도께서는 성체와 성혈의 신비로 사람 안에 오심으로써 우리가 하느님과 일치하게 해 주시고 영성 생활을 성숙하게 해 주신다. 그렇기 때문에 누구든지 하느님의 생명을 얻어 누리기 위해서는, 예수님의 생명인 살과 피를 먹고 마셔야만 한다.

그리스도인들이 하느님의 생명으로 양육된다는 것은 감히 상상조차 할 수 없는 영광이며 행복이다.

우리가 축복하는 그 축복의 잔은 그리스도의 피에 동참하는 것이 아닙니까? 우리가 떼는 빵은 그리스도의 몸에 동참하는 것이 아닙니까?(1코린 10,16)

주님, 저희가 당신의 살과 피를 먹고 마심으로써 영적으로 더욱 성숙하게 하소서.

02
진흙의 자세
*

표지판 없는 도로

　인생을 어떻게 사는 것이 옳은가? 우리가 이 질문에 정확하게 대답하는 것은 쉬운 일이 아니다. 그러나 이에 대한 분명한 해답을 주신 분이 있다. 바로 예수 그리스도이시다. 인류 역사 이래 그분만큼 분명하게 말씀하신 분은 없었다.

　제2차 세계 대전이 시작되자 독일군은 순식간에 유럽의 많은 나라를 점령했다. 그러나 끝까지 독일군에 저항한 나라가 영국이었다. 영국 해협 때문에 독일군이 영국에 지상군을 투입시키는 일이 몹시 어려웠다. 그래서 독일은 공중에서 영국을 공격했지만, 대량 공중 폭격으로 많은 도시가 폐허가 되어도 영국은 끝까지 저항했다.

영국이 가장 두려워한 것은 독일군의 낙하산 부대가 영국 땅에 침공하는 것이었다. 그래서 영국 국방성에서는 국민들에게 전국의 도로 표지판을 전부 없애라고 지시했다. 독일군 낙하산 부대가 지상에 내려도 방향을 가르쳐 주는 도로 표지판이 없으면 어디로 가야 하는지 알 수 없기 때문이다.

1944년 전쟁이 끝나자 도로 표지판은 즉시 복구되었다.

도로 표지판이 없는 시골길을 여행할 수 없듯이, 올바른 방향으로 안내해 주는 규범 없이 맹목적으로 인생을 살 수는 없다. 무질서한 생활은 목적 없이 여행하는 것과 같다.

다행히도 하느님께서는 우리에게 분명한 방향을 제시해 주셨다. 그것은 바로 자연법과 십계명 그리고 그리스도의 가르침이다. 하느님께서는 우리가 어떤 길로 가야 할 지 가르쳐 주셨다. 우리는 단지 그 길을 따라가기만 하면 된다.

예수님께서 세례를 받으실 때 하느님께서 "이는 내가 사랑하는 아들, 내 마음에 드는 아들이다."(마태 3,17) 하신 말씀을 기억하자.

예수님께서 그에게 말씀하셨다. "나는 길이요 진리요 생명이다. 나를 통하지 않고서는 아무도 아버지께 갈 수 없다."

(요한 14,6)

예수님, 저희가 확신을 가지고 영원한 세계로 가는 올바른 길로 갈 수 있도록 항상 이끌어 주소서.

철제 빔을 든 총사령관

독일 속담에 "교만한 자는 절대로 성공할 수 없다"는 말이 있다. 우리는 겸손한 사람을 좋아하고 교만한 사람을 싫어한다. 따라서 인간관계를 잘 유지하기 위해서는 진솔한 겸손의 미덕을 갖춰야 한다.

미국 독립 전쟁 때 있었던 일이다. 한창 바쁜 전쟁 중에 일반인 복장을 한 어떤 사람이 지나가다가, 육군 상병 한 명이 자기는 일하지 않으면서 부하들에게 무거운 철제 빔을 옮기라고 거칠게 명령하는 것을 보았다.

그 사람은 가던 길을 멈추고 그 상병에게 "당신은 왜 저들을 도와주지 않습니까?" 하고 물었다. 그러자 상병은 건방진 말투로 "나는 육군 상병이고 이 사람들은 내 부하들이기 때문이오." 하고 말했다. 그러자 그 사람은 "괜찮으시면, 제가 도와드리겠습니다." 하면서 코트를 벗고 철제 빔을 땅에 단단히 고정시키는 일을 같이 했다.

일이 거의 끝나가자 그는 "상병님, 당신이 무슨 일을 하든지 사람이 모자라면 총사령관에게 연락하십시오. 그러면 흔쾌히 도와줄 겁니다." 하고 말했다. 그리고 나서 총사령관 조지 워싱턴은 다시 코트를 입고 그 자리를 떠났다.

우리가 다른 사람을 돕기 위해서는 스스로 겸손해져야 한다. 역설적이지만 우리는 그렇게 함으로써 오히려 승리를 얻을 수 있다. 가장 좋은 예표가 되신 분이 예수 그리스도이시다. 그분은 이 세상에 오셔서 가장 낮은 사람들인 나환자, 거지, 도둑들과 친구가 되셨고, 더 나아가 그들의 종이 되셨다. 바로 이런 겸손함 때문에 모든 인류가 그분을 존경한다.

너희 가운데에서 가장 높은 사람은 너희를 섬기는 사람이 되어야 한다(마태 23,11).

주님, 저희가 당신의 이름으로 다른 사람을 위하여 낮아질 때 당신의 하늘나라에서는 높아진다는 사실을 기억하도록 도와주소서.

날마다 은총의 시기

그리스도인은 해마다 부활 시기를 잘 맞이하기 위해서 사순 시기를 지낸다. 사순 시기를 유익한 시간으로 만들기 위해서 그리스도인은 희생과 절제, 참회와 기도로 그 시기를 지낸다. 사순 시기를 연중 시기와 다르지 않게 지낸다면 은총의 시기인 사순 시기를 헛되이 보내는 것이다.

그러면 사순 시기를 잘 지낼 수 있는 방법은 무엇일까? 여러 가지가 있겠지만, 작가 지네트 마르티노는 사순 시기를 잘 지낼 좋은 방법을 다음과 같이 제시한다.

* 상대방을 비판하기보다 칭찬하려고 노력한다.
* 자기 연민에 빠져서 괴로워하지 않고 기쁘게 산다.

* 불평하지 않고 평화로운 마음을 가진다.
* 분노로 괴로워하지 말고 자신의 생활에 만족한다.
* 시기심을 버리고 사랑하는 마음을 즐긴다.
* 교만한 마음을 버리고 좀 더 겸손한 사람이 된다.
* 이기적인 마음을 버리고 봉사하는 사람이 되려 노력한다.
* 공포심을 버리고 하느님을 신뢰한다.
* 부정적인 생각을 버리고 긍정적인 생각을 한다.

사실 이러한 마음의 자세는 사순 시기뿐만 아니라 항상 가져야 할 마음의 자세다. 이런 긍정적이고 올바른 생활 태도는 하느님께서 원하시는 것이다. 그리고 이런 생활은 우리의 본성 안에 내재된 양심을 거스르는 것들과 투쟁하면서 하느님을 내 삶의 중심으로 삼는 생활이기도 하다.

예수님께서는 "첫째 계명은 네 마음과 생각과 영혼을 다하여 하느님을 사랑하는 것이고 둘째 계명은 네 이웃을 네 몸같이 사랑하는 것이다."(마태 12,28-31 참조)라고 말씀하셨다.

우리는 예수님의 말씀을 잘 실천하기 위해, 위에서 말한 방법을 사순 시기 동안만이 아니라 연중 시기에도 실천해야 할 것이다.

당신께서는 희생과 제물을 기꺼워하지 않으시고 오히려 저의 귀를 열어 주셨습니다. 번제물과 속죄 제물을 당신께서는 바라지 않으셨습니다. "저의 하느님, 저는 당신의 뜻을 즐겨 이룹니다. 제 가슴속에는 당신의 가르침이 새겨져 있습니다."(시편 40,7.9)

자비로우신 주님, 저희가 생활 속에서 정의와 자비를 추구하는 당신의 말씀을 잘 따르도록 도와주소서.

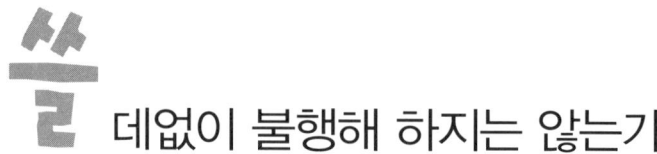
쓸 데없이 불행해 하지는 않는가

　사람은 일생을 행복하게 살고 싶어 한다. 그러나 어떻게 해야 행복하게 살 수 있는지 아는 사람은 많지 않다. 행복하게 살 수 있는 비결은 무엇일까? 아마 그 비결을 돈으로 살 수 있다면 많은 사람들이 돈을 아끼지 않을 것이다. 그러나 돈으로 살 수 없다는 것이 안타까운 일이다.

　재물만이 아니라 명예나 권력과 지식으로도 살 수 없는 것이 행복한 삶이다. 인생을 행복하게 살 수 있는 방법은 무엇인가? 인류 역사 이래 수많은 사람들이 나름대로 여러 가지 방법을 제시했다.

벤자민 프랭클린은 다음과 같이 말했다.

"인생을 행복하게 사는 사람은 비록 그가 가난한 사람이라고 해도 부자가 될 수 있다. 그러나 행복하게 살지 못하는 사람은 비록 부자라 해도 가난한 사람이다. 인생의 만족은 누구나 예외 없이 자신의 생활 태도에서 온다. 많은 사람들이 쓸데없이 불행하게 산다. 그들은 예수님께서 우리 각자에게 누구나 행복하게 살 수 있는 기본적인 요소를 주셨다는 것을 깨닫지 못한다."

만족satisfaction이라는 단어의 의미는 두 라틴어 단어에서 온 것이다. 충분하다는 뜻의 '사티스satis'와 무엇을 하다 또는 만들다라는 뜻의 '파체레facere'의 합성어다. 자신의 삶을 풍요롭게 만드는 사람만이 행복한 삶을 살 수 있다.

풍요롭게 사는 사람이 될 수 있다는 자신감을 가져라. 그리고 주님께서 주신 능력이 무엇이든지 잘 사용하고 더욱 발전시키도록 하라. 그러면 우리는 삶의 기쁨이 무엇인지 경험하며, 살아가면서 겪는 많은 어려움을 좀 더 쉽게 극복할 수 있을 것이다.

나를 보내신 분의 일을 우리는 낮 동안에 해야 한다. 이제 밤이 올 터인데 그때에는 아무도 일하지 못한다(요한 9,4).

하느님, 저희가 당신께서 주신 능력을 사용해서 일상생활에서 행복을 찾을 수 있도록 도와주소서.

하느님이 부끄러운가

운동선수나 연예인 중에는 가톨릭 신자가 많다. 텔레비전에서 축구나 야구 경기를 시청하면, 가톨릭 신자인 선수들이 홈런을 치거나 골을 넣은 뒤, 십자성호를 그으면서 하느님께 감사드리는 모습을 자주 볼 수 있다. 그러나 운동선수들과는 달리 연예인들은 자신이 신자라는 점을 드러내지 않으려고 한다.

우리는 사회생활을 하면서 당당하게 자신이 가톨릭 신자라고 말하고 식사 전에 십자성호를 그어야 한다. 무엇이 두려운가? 하느님의 자녀인 것이 그렇게 부끄러운가?

오늘날 영화배우나 가수들이 자신의 신앙생활에 대해 말하는 경우를 거의 볼 수 없다. 감성적인 저음으로 많은 팬을 가지고 있는 유명한 여가수 해리 코닉은 자신이 신앙인임을 밝히는 것을 두려워하지 않았다.

"어떤 사람들은 내가 매일 기도하고 일요일에는 성당에 나간다고 말하면 약간 이상하게 생각합니다. 나는 신앙인의 가정에서 자랐고, 지금도 신앙생활을 충실히 하고 있어요. 나는 부모님에게 내가 성취한 것에 대해서 하느님께 감사드리도록 교육받았고 현재도 그렇게 하고 있답니다."

당신은 평소에 기도 생활에 충실하고 하느님의 은총에 감사드리는가? 해리 코닉처럼 우리는 자신이 가지고 있는 모든 것에 대해 하느님께 감사드려야 한다.

우리가 소유하고 있는 것, 가정, 친구들, 건강, 현재 누리고 있는 행복한 생활에 감사를 드리자. 전능하신 하느님께서는 지금도 우리의 기도를 듣고 계신다.

내 도움과 내 영광이 하느님께 있으며 내 견고한 바위와 피신처가 하느님 안에 있네(시편 62,8).

주님, 저희가 주님의 자녀가 되도록 은총을 주신 것에 대해 언제 어디서나 감사할 줄 아는 사람이 되게 하소서.

성공은 어디에서 오는가

스페인의 투우는 다른 나라에서는 볼 수 없다. 투우가 시작되면 제일 먼저 체격이 큰 검은 소가 들어온다. 처음 경기를 보는 사람들은 '가냘픈 칼을 가진 투우사가 저렇게 덩치가 큰 소를 어떻게 죽일 수 있을까?' 하고 의문을 품는다.

먼저 보조 투우사들이 말을 타고 나와서 소가 힘이 빠지도록 괴롭힌다. 소가 어느 정도 지치면 보조 투우사들이 소의 등에 대여섯 개의 칼을 꽂는다. 그러고 나면 정식 투우사가 웅장한 팡파르 속에 화려한 의상을 입고 등장해서 붉은 천을 가지고 소가 더욱 지치도록 긴장감 넘치는 기술을 발휘한다.

그리고 마지막으로 기진맥진한 소의 정수리에 칼을 꽂는다. 한 번에 소를 즉사시키지 못하면 일류 투우사가 될 수 없다.

기자들이 벤자민 프랭클린에게 "당신은 어려운 시련 속에서 왜 포기하지 않고 끝까지 인내합니까?" 하고 물었다. 그는 "좋은 목표를 향해 일할 때 누구나 중도에서 포기하고 싶은 유혹을 받습니다. 석수들이 일하는 것을 본 적이 있습니까?" 하고 물었다. 석수는 돌을 깨기 위해 망치로 수백 번 돌을 두드린 후에 마지막 한 방으로 돌을 쳐 두 조각 낸다.

이것은 미리 철저히 준비하는 투우 경기와 비슷하다. 어떤 일의 결과는 한 번에 이루어지는 것이 아니라 석수들과 같이 수백 번 돌을 두드리는 노력 끝에 성취되는 것이다. 결과가 빨리 나타나지 않더라도 실망하지 말고 계속해서 일을 추진해 나가자.

우리는 너무나 쉽게 승리를 얻으려고 한다.

만약 많은 노력이 필요한 가치 있는 일을 하고자 한다면, 절반 정도 하고 힘들다고 포기해서는 안 된다. 하느님의 영광과 모든 사람의 유익을 위해서 일하는 것은 쉬운 일이 아니기 때문이다.

"내가 세상에 평화를 주러 왔다고 생각하지 마라. 평화가 아니라 칼을 주러 왔다."(마태 10,34)

예수님, 이 세상 끝까지 복음을 전하라는 당신의 명령을 실천하는 데 드는 희생을 감수할 수 있도록 도와주소서.

마음을 열고 기회를 찾자

우리는 누구나 행복하게 살고 싶어 한다. 그래서 많은 성현들과 철학자들이 어떻게 살면 행복해지는지 좋은 말을 많이 했다. 그리고 평범한 사람들도 행복의 비결을 나름대로 생각하고 그렇게 살도록 노력한다.

오래 전에 알려지지 않은 한 작가가 행복을 얻는 비결을 썼는데 실천해 볼 필요가 있다.

행복해지기를 원하는 사람들에게 :
"될 수 있는 대로 많은 사람들에게
 당신이 할 수 있는 모든 방법을 사용해서
 선행을 베풀라."

일반적으로 사람들은 다른 사람을 돕기 위해서 개인적으로 시간을 내어 도와주는 것을 귀찮게 여긴다. 많은 사람들이 자신의 인생을 자기 이익에만 집착하며 보내고 있다는 것을 깨닫지 못하고 평생 동안 세월을 허무하게 보낸다.

조금이라도 시간을 내서 불우한 이웃을 돕기 위한 선행을 하려고 노력해 보라. 사람을 창조하신 하느님께서 우리에게 주신 능력을 그분이 원하시는 대로 사용할 수 있도록 마음을 활짝 열고 기회를 찾아야 한다. 하느님께서 우리에게 보람 있는 일을 할 수 있는 넓은 마음을 주셨다. 그리고 우리의 인생 여정이 영원한 것이 아니고, 생각보다 오래가지 않는다는 것을 항상 기억하자.

바쁜 중에도 어려운 사람들을 위해 선행을 베푸셨던 예수님의 자비로운 태도를 배우도록 노력하자. 그렇게 한다면 우리는 천국에서 누릴 무한한 기쁨과 행복을 이 세상에서 미리 맛볼 수 있을 것이다.

"행복하여라, 불법을 용서받고 죄가 덮어진 사람들! 행복하여라, 주님께서 죄를 헤아리지 않으시는 사람!"(로마 4,7-8)

사람의 부족한 영혼을 사랑하시는 주님, 저희가 할 수 있는 만큼 어려운 사람들에게 선행을 베풀도록 도와주소서.

우리가 탐험해야 할 곳

20세기에 이르러서 의학, 항공, 우주 공학 등 과학의 발전은 놀라울 정도다. 이런 비약적인 발전은 사람의 도전 정신과 미개척 분야에 대한 탐험 정신이 낳은 결과다.

도밍고라는 마흔여덟 살 된 아르헨티나 사람은 노와 돛만 가진 5미터짜리 작은 요트를 타고 수도 부에노스아이레스 항에서 미국의 마이애미로 출발했다. 무려 9,060킬로미터나 떨어진 먼 뱃길을 혼자서 항해하는 것이다. 주위 친지들이 무모한 도전이라고 말렸지만 그는 자신의 한계를 시험해 보고 싶었다. '신앙, 사랑, 인내'라고 이름을 붙인 이 작은 배는 한 번도 육지에 상륙하지 않고 망망대해를 항해했다. 이 배에는 방향을 알려 주는 나침반이나 일기 예보를 들을 수 있는 라디오도 없었다. 그는 단지 별을 보고 방향을 짐작하며 바람과 조류를 이용해서 배를 조종했다. 20세기 첨단 과학 시대에 아무런 장비도 없이 원시적인 방법으로 항해한 것이다. 그리고 거의 9개월 만에 마이애미에 극적으로 도착했다.

기자들이 그에게 현대적인 장비 없이 위험천만한 먼 거리를 항해한 소감을 묻자, 그는 이렇게 대답했다. "바다에 홀로 있으면 행복과 용기와 고통을 동시에 느끼게 된다."

우리는 위와 같은 극한적인 탐험을 경험할 기회가 거의 없다. 그러나 자신의 영적 상태가 어떤지 알기 위해 내적인 탐험을 할 기회는 많다. 나라는 존재는 누구인가? 지금 나는 어디로 가고 있는가? 왜 하느님께서 나를 창조하셨는가? 이런 질문에 대한 답을 얻기 위해 영적인 탐험의 길을 갈 수 있는 것이다.

하루에 몇 분이라도 기도하고 묵상해 보라. 그러면 당신이 사람으로 태어난 사실에 더욱 큰 행복을 느낄 것이다.

예수님께서 대답하셨다. "성경에 기록되어 있다. '사람은 빵만으로 살지 않고 하느님의 입에서 나오는 모든 말씀으로 산다.'"(마태 4,4)

아버지 하느님, 당신의 모상대로 저희들을 창조해 주셔서 감사드립니다.

천국 극장에 영원한 자리

로마에는 콜로세움이라 불리는 원형 경기장이 있는데, 해마다 사순 시기 성금요일이 되면 교황은 이곳에서 순교자들을 위해 기도를 한다. 이곳을 처음 방문하는 사람들은 누구나 이런 큰 경기장을 어떻게 2000여 년 전에 건축할 수 있었는지 궁금해 한다. 우연히 17세기에 고고학자들이 아름답고 튼튼하게 만들어진 이 원형 경기장의 설계자를 알아냈는데, 그 사실을 아는 사람은 그렇게 많지 않다.

지금부터 약 300여 년 전 고고학자들이 로마 시내에서 고대 유적을 발굴하다가 작은 대리석으로 된 석판을 발견했다. 석판에는 순교의 상징인 왕관과 성지 나무가 새겨져 있었고,

콜로세움을 설계하고 건축한 가우덴티우스Gaudentius라는 사람을 칭찬하는 글이 적혀 있었다. 아이러니하게도 이 건축가는 자신이 만든 원형 경기장에서 순교한 첫 번째 그리스도인이 되었다.

카이사르는 이 건축가에게 경기장이 완공되면 세 가지 큰 보상을 하겠다고 약속했다. 그러나 경기장이 완성되자 카이사르는 그리스도인인 건축가에게 고마워하지도, 약속을 지키지도 않았다. 그러나 가우덴티우스는 하느님 나라에서 가장 위대한 건축가가 되었다. 결과적으로 천국의 영원한 극장에 한 자리를 보장받는 큰 상을 받은 것이다.

그 건축가는 세속적인 관점에서는 실패한 사람이었을지 몰라도 하느님의 나라에서는 그 반대가 되었다. 그는 이 세상에서 하느님을 위해 살다가 죽음으로써 가치 있는 인생을 살았다. 이보다 더 성공적인 삶을 산 사람은 그렇게 많지 않을 것이다.

예수님께서 말씀하셨다. "내가 진실로 너희에게 말한다.

누구든지 나 때문에, 또 복음 때문에 집이나 형제나 자매, 어머니나 아버지, 자녀나 토지를 버린 사람은 현세에서 박해도 받겠지만 집과 형제와 자매와 어머니와 자녀와 토지를 백 배나 받을 것이고, 내세에서는 영원한 생명을 받을 것이다."(마르 10,29-30)

하느님, 저희가 하늘나라에서 성공한 사람으로 인정받을 수 있게 도와주소서.

사람을 살리는 양

 성당의 아름다운 스테인드글라스에는 예수님이 지팡이를 들고 서 계시고, 양들이 그분을 따르는 모습을 가끔 볼 수 있다. 그리고 상본이나 제의에서는 그러한 모습의 그림을 많이 볼 수 있다.

 우리 교회에서는 예수님은 목자요 신자들은 양 떼라고 생각한다. 예수님께서도 이렇게 말씀하셨다. "나는 착한 목자다. 나는 내 양들을 알고 내 양들은 나를 안다."(요한 10,14)

 독일 베르덴에 있는 성당 지붕 위에는 특이하게도 양이 돌로 조각되어 있다. 대부분 성당 정면에는 성인이나 성경에 나오는 장면이 아름답게 조각되어 있지만, 지붕 위에 양을 조각하는 경우는 거의 없다. 여기에는 아름다운 사연이 있다.

성당을 건축하던 어느 날, 인부 한 사람이 지붕 위에서 일을 하고 있었다. 높은 지붕 위에서 작업하는 것은 대단히 위험한 일이었다. 그래서 인부들은 항상 안전줄을 매고 일했다. 그런데 갑자기 안전줄이 끊어지면서 일하던 사람이 마당으로 떨어졌다.

마당에는 성당 건축을 위해서 갖다 놓은 커다란 돌이 많이 흩어져 있었다. 보통의 경우라면 즉사했을 터인데 그 사람은 많이 다치지 않았다. 왜냐하면 돌 사이에서 양 한 마리가 풀을 뜯어 먹고 있었는데 그가 양 위에 떨어진 것이다. 물론 양은 그 사람 대신 그 자리에서 죽었다.

그 사람은 자신의 목숨을 건져 준 양에게 감사의 마음을 전하기 위해 양의 모습을 지붕에 멋있게 조각해서 누구나 잘 볼 수 있게 했다.

성경에서는 예수님을 '하느님의 어린양'이라고 말한다. 예수님께서는 비천한 사람을 구원하기 위해서 하느님의 아드님이라는 지위를 버리고 이 세상에 오신 '하느님의 어린양'이시다.

예수님께서 다시 두 번째로 베드로에게 물으셨다. "요한의 아들 시몬아, 너는 나를 사랑하느냐?" 베드로가 "예, 주님! 제가 주님을 사랑하는 줄을 주님께서 아십니다." 하고 대답하자, 예수님께서 그에게 말씀하셨다. "내 양들을 돌보아라."(요한 21,16)

주님, 저희는 당신의 양들이고 당신은 참된 목자이십니다. 목자이신 당신을 충실히 따르도록 저희를 인도해 주소서.

필이면 열세 번째 창문

아라비아에 다음과 같은 우화가 있다.

어느 나라의 성에 창문이 열세 개 있는 감옥이 있었는데 그 안에 갇힌 왕자가 있었다. 그는 아버지인 왕에게 반란을 일으킨 반대파에 의해서 하루아침에 왕자에서 죄수로 전락했다.

하루 종일 지루하게 감옥 안에 갇혀 있는 것은 힘든 일이었다. 그래서 왕자는 창문을 통해서 밖을 내다보는 것이 유일한 낙이었다.

창문 열세 개 중에서 열두 개는 전망이 좋았으나 열세 번째 창문은 도시의 우중충한 장면만 보였다. 왕자는 이상하게도 전망이 좋은 열두 창문을 통해서 밖을 보지 않고 항상 열세 번째 창문을 통해서만 밖을 내다보았다. 만약 열두 개의 창문을 통해서 밖을 보았다면, 기분도 전환되고 마음의 부담도 많이 줄어들었을 것이다.

우리도 어둡고 침울한 사람들과 같이 지내다 보면 자기도 모르는 사이에 그런 성격으로 변한다. 그러나 성격이 쾌활하고 항상 긍정적으로 살아가는 사람과 어울리면 자신도 그렇게 된다.

성격이 긍정적이고 활력이 넘치는지 그렇지 않은지는 어떤 사람들과 가까이 지내는지에 달려 있다고 볼 수 있다. 물론 항상 활기가 넘치고 기쁘게 사는 태도를 가지는 것이 쉬운 일은 아니다.

인생을 긍정적이고 행복하게 받아들이는 생활 태도를 가지고 살아갈 수 있는 최고의 방법은 절망에 빠진 어려운 사람들을 도와주는 것이다.

그리스도의 도움으로 어둠에 빛을 가져오고 질병을 앓고 있는 사람들에게는 건강을 회복하게 도와주며, 영육 간에 가난한 사람을 도와주는 사람은 반드시 큰 기쁨을 얻을 것이다. 침울하게 살지 않고 쾌활하게 사는 사람에게는 확실한 희망의 미래가 보장된다.

> 가난한 이에게 귀를 기울이고 그에게 평화의 인사를 상냥하게 건네어라(집회 4,8).

예수님, 저희가 자신의 쾌활한 마음을 다른 사람에게 전해 줌으로써 저희의 앞날도 유쾌해지도록 도와주소서.

나는 빛과 어둠만 구별한다

"행복해지려면 가장 중요한 것이 무엇인가?"라는 질문에 많은 사람들은 건강이라고 대답한다. 건강해야 행복한 가정을 이룰 수 있고, 자신이 바라는 것을 성취할 수 있기 때문이다. 건강을 잃으면 모든 것을 잃는다. 그런데 이렇게 소중한 건강을 잃고도 실망하지 않고 밝게 사는 장애인들이 있다.

다음 일화는 앞을 보지 못하는 시각 장애인이 비장애인도 하기 어려운 봉사 생활을 하는 이야기다.

뉴욕 맨해튼과 뉴저지 주 사이에는 허드슨 강이 있다. 강 위에는 약 90여 년 전에 만든 왕복 8차선의 이층 현수교인 워싱턴 다리가 있고, 다리를 건너 북쪽으로 몇 킬로미터 올라가면 국립 암 센터가 있다. 여기에는 지난 13년 동안 시각 장애인이면서도 자원봉사자로 가장 열심히 일한 장애인이 있다. 그 여인은 자신이 하는 일을 전혀 볼 수 없다. 그녀는 기자들과 한 인터뷰에서 시각 장애인이 되었을 때 "절대로 자신감을 잃어서는 안 된다."라는 말을 제일 먼저 들었다고 했다.

"지금 나는 빛과 어둠만 구별할 수 있다. 그러나 누군가의 도움을 받는 것을 원하지 않는다. 지금도 나는 많은 것을 할 수 있다. 내가 절망하지 않도록 도와주신 하느님께 감사드린다. 나는 시력을 갑자기 잃게 된 것이 아니라, 몇 년 동안 서서히 잃었다. 몇 년간이라도 정상적인 시력을 가지고 있었음에 감사드린다."

우리는 하느님께서 우리를 인도해 주시도록 기도함으로써 시각 장애인 여인처럼 하느님께서 우리에게 베풀어 주신 무한한 은총에 감사하는 것을 배울 수 있다. 그리고 다가오는 시련이 무엇이든지, 인생의 부정적인 면보다는 밝은 면을 보게 되는 지혜를 얻을 수 있다.

그리스도의 평화가 여러분의 마음을 다스리게 하십시오. 여러분은 또한 한 몸 안에서 이 평화를 누리도록 부르심을 받았습니다. 감사하는 사람이 되십시오(콜로 3,15).

예수님, 당신께서 저희에게 주신 무한한 은총을 깨닫게 하소서.

나만의 향기

향료는 동서고금을 막론하고 귀중한 것으로 여겨져 왔다. 성경에 보면, 아기 예수님을 경배하러 온 동방 박사들도 향료를 예수님께 선물로 드렸다.

옛날에는 향료가 귀하고 비쌌기 때문에 일반인들은 거의 사용할 수 없었고, 궁중의 왕실 사람이나 고관들이 주로 사용했다. 그러나 최근에 향료에 대한 연구가 활발해지자, 그 종류도 다양해지고 가격도 저렴해져, 일반인들도 많이 사용하고 있다.

향료나 향기는 특별한 것이기 때문에 한 가지 향료가 두 가지 향기를 낼 수 없다. 모든 향료는 자신만의 독특한 향기를 가지고 있다. 가장 질이 좋은 최고 향료들은 식물에서 만든 자연적인 기름에서 추출해 낸 것이다.

재스민, 레몬, 백단향 같은 나무에서 추출된 기름은 수백 가지 다른 요소로 이루어져 있다. 각 나무는 나름의 독특한 특색이 있다. 향료를 전문으로 연구하는 하버드 대학교의 식물학 교수들은 이렇게 말한다. "식물 나름의 독특한 향기를 얻으려면 식물마다 제각기 가지고 있는 고유한 성분을 알아내야 한다."

이런 향기들처럼 사람도 누구나 나름대로 독특한 특징을 가지고 있다. 꽃이 주위에 독특한 향기를 뿜어내듯이, 우리는 하느님께서 우리에게 주신 고유한 재능과 능력을 주위 사람들에게 기쁨이라는 향기로 줘야 한다.

그리고 우리는 하느님께서 우리 각자에게 주신 특별한 은총을 잘 사용할 의무가 있다는 것을 알아야 한다.

주님께서 사람을 흙에서 창조하시고 그를 다시 그곳으로 돌아가게 하셨다. 그분께서는 당신 자신처럼 그들에게 힘을 입히시고 당신 모습으로 그들을 만드셨다. 그분께서는 분별력과 혀와 눈을 주시고 귀와 마음을 주시어 깨닫게 하셨다(집회 17,1.3.6).

사랑하는 주님, 젊은이들이 하느님께서 주신 특별한 은총을 발견하고 계발하여, 다른 사람을 위해 사용하도록 도와주소서.

과가 뛰어난 치료제

중세 시대만 해도 의학의 수준은 너무나 미약해서 흑사병이 유럽 대륙을 휩쓸고 지나가면 인구의 반 정도가 죽었다. 근대에 이르러 의학이 차츰 발전하자, 흑사병 같은 무서운 전염병이 돌아도 많은 사람이 한꺼번에 죽지는 않게 되었다.

최근 의학은 놀라울 정도로 발달하여 전에는 치료할 수 없던 병들도 지금은 쉽게 치유할 수 있다. 그리고 전에는 관심을 두지 않던 의학적인 치료와 정신과의 관계에 대한 연구가 활발히 진행되고 있다.

요즘 기도가 환자 치료의 한 분야로 상당히 인기를 얻고 있다. 하버드 의과 대학의 허버트 벤션 교수는 "영성적인 치료가 약과 같은 효과가 있는데도 이 약을 다른 약처럼 신속하게 대량으로 만들어 낼 수 없는 것이 아쉽다." 하고 말했다.

하버드 의학 연구 센터는 기도하고 묵상하는 사람들이 그렇게 하지 않는 사람들보다 치료 효과가 훨씬 빠르다는 사실을 알고 깊은 감명을 받았다. 그래서 연구원들은 기도의 치료 효과에 대해 연구하고 있다. 이런 연구는 80년대 한 실험에서 나온 결과에 따라 시작되었다. 기도하는 관상 동맥 환자 그룹은 기도하지 않는 다른 환자 그룹보다 항생 물질을 덜 사용하는데도 폐의 유동체가 더 활발해지고 산소 호흡기를 덜 사용한다는 결과가 나왔다.

최근 많은 의사들이 건강은 육체의 건강만으로 유지될 수 없고, 정신적인 건강이 결합되어야 한다는 것을 깨닫게 되었다. 단적인 예로 스트레스가 건강에 많은 영향을 주고, 낙천적인 사람은 우울하거나 매사에 부정적인 사람보다 훨씬 건강하고 오래 산다는 통계가 이를 입증해 준다.

따라서 우리도 신앙생활을 하며 항상 주님께 기도함으로써 위로와 희망을 얻어야 한다.

여러분 가운데에 고통을 겪는 사람이 있습니까? 그런 사람은 기도하십시오. 즐거운 사람이 있습니까? 그런 사람은 찬양 노래를 부르십시오. 여러분 가운데에 앓는 사람이 있습니까? 그런 사람은 교회의 원로들을 부르십시오. 원로들은 그를 위하여 기도하고, 주님의 이름으로 그에게 기름을 바르십시오. 그러면 믿음의 기도가 그 아픈 사람을 구원하고, 주님께서는 그를 일으켜 주실 것입니다. 또 그가 죄를 지었으면 용서를 받을 것입니다(야고 5,13-15).

예수님, 저희가 기도하기 가장 어려울 때일수록 더욱 열심히 기도할 수 있게 도와주소서.

왜 기도해야 하는가

우리는 왜 기도해야 하는가? 흔히 기도는 영혼의 호흡이라고 말한다. 사람은 5분만 숨을 쉬지 못해도 죽는다. 기도도 이와 같아서 항상 꾸준히 하지 않으면 우리의 영혼이 죽어 가게 된다. 기도하지 않는 신앙생활은 이미 죽은 신앙이다.

4세기 니사의 교부 그레고리오 성인은 이렇게 말했다. "하느님과 일치하게 해 주는 기도는 우리가 받은 마음의 상처를 치유해 주고, 시기심을 극복하게 해 준다. 그뿐만 아니라 불의를 물리치게 해 주고 죄를 속죄해 준다. 기도는 우리의 믿음을 깊게 만들고, 시련과 역경을 당했을 때 위로와 희망, 기쁨과 힘을 준다. 그리고 하느님과 친밀하게 해 주며 묵상을 통해서 보이지 않는 하느님을 만나게 해 준다." 그레고리오 성인뿐만 아니라 16세기 많은 영성 신학자들도 기도가 신앙생활에 얼마나 중요한지 강조했다. 그리고 20세기의 영성 신학자 막달레인 엥글레도 "기도를 하면 마음의 평화를 얻을 수 있고 침묵을 통해 주님께서 주시는 기쁨을 맛볼 수 있으며 하느님을 흠숭할 수 있다. 바쁘게 일하는 동안 잠깐 시간을 내어 기도하고 묵상함으로써 내적으로 주님을 만날 수 있다."라고 말했다.

기도를 잘하기 위해서는 기도하는 이유를 알아야 한다. 그리고 그 이유를 발견하는 유일한 길은 기도하는 것이다. 이렇게 기도가 신앙생활에서 중요하다는 것을 잘 알고 있지만, 보이지 않는 하느님께 기도드리는 것이 쉬운 일은 아니다. 우리가 하느님을 저 멀리 떨어져 있는, 두려운 존재로 생각하기 때문이다.

하느님을 기쁠 때나 어려울 때 자연스럽게 이야기할 수 있는 가까운 친구나 부모처럼 생각다면 기도하기가 훨씬 쉬워질 것이다.

예수님께서 어떤 곳에서 기도하고 계셨다. 그분께서 기도를 마치시자 제자들 가운데 어떤 사람이, "주님, 요한이 자기 제자들에게 가르쳐 준 것처럼, 저희에게도 기도하는 것을 가르쳐 주십시오." 하고 말하였다(루카 11,1).

주님, 당신께서 저희와 함께 계시듯이 저희도 항상 당신 곁에 머물게 하소서.

따라갈 생각이 전혀 없소

미국 속담에 "인생에서 가장 확실한 것은 국가에 세금을 내야 한다는 것과 사람은 언젠가는 죽는다는 것이다."라는 말이 있다. 가끔 세금을 내지 않고 국가를 속일 수는 있다. 그러나 사람이 언젠가 죽는다는 것은 그 누구도 부인할 수 없는 확실한 사실이다.

시편의 저자는 인생이 무상하다는 뜻으로 이렇게 말했다. "당신께서 그들을 쓸어 내시면 그들은 아침 잠과도 같고 사라져 가는 풀과도 같습니다. 아침에 돋아났다 사라져 갑니다. 저녁에 시들어 말라 버립니다."(시편 90,5-6) 우리는 잠깐 지나가는 인생을 목표를 가지고 보람 있게 보내야 한다.

영국의 한 교회 묘지의 오래된 비석에 이런 비문이 쓰여 있었다. "이곳을 지나가는 나그네여. 그대가 지금 이곳을 지나가듯이 나도 예전에는 이곳을 지나갔다는 것을 기억하고, 그대도 언젠가는 죽어서 여기에 올 것이니 미리 나를 따라 여기에 올 준비를 하시라."

우연히 지나가다 이 비문을 읽은 현명한 한 사람이 그 밑에 이렇게 써 놓았다. "나는 당신이 어떤 인생을 살았는지 알기 전에는 당신을 따라갈 생각이 전혀 없소."

인생에서 뚜렷한 목적 없이 방황하며 시간을 낭비하는 것은 쉬운 일이다. 더구나 인생의 궁극적인 목표가 천국인지 지옥인지 생각하지 않고 살아가게 되기도 쉽다.

인생은 자신이 원하는 대로 가게 마련이다. 우리는 평생 동안 하느님과 이웃을 사랑하기 위해서, 또한 자신을 위해서 일한다. 이런 모든 일이 결국은 영원한 세계를 위한 것이 되어야 한다.

어느 주일에 나는 성령께 사로잡혀 내 뒤에서 나팔 소리처럼 울리는 큰 목소리를 들었습니다(묵시 1,10).

전능하신 하느님, 저희가 언젠가는 영원한 주님의 나라로 간다는 사실을 잊지 않고 열심히 신앙생활을 하게 하소서.

누구에게나 있는 십자가

사람은 누구나 시련과 역경을 겪으면서 살아간다. 때때로 우리가 감당하기 어려운 일을 당할 때 예수님께서 겪으신 고통을 묵상한다면, 우리의 십자가는 그렇게 큰 것이 아니라는 생각이 들 것이다. 이 세상에 예수님처럼 처참한 고통을 당한 사람도 많지 않을 것이다. 따라서 우리는 항상 시련과 역경 속에서 좌절하지 말고, 예수님께서 겪으신 고통을 묵상하면서 용기를 잃지 말아야 한다.

뉴욕에서 마이애미로 가는 한 비행기가 존 에프 케네디 국제공항을 이륙하여 목적지를 향해 비행하고 있을 때였다. 갑자기 조종실 문이 열리면서 젊은 남자가 여승무원의 머리에

권총을 들이대고 비행사에게 쿠바의 수도인 아바나로 비행하라고 말했다.

위험한 상황임을 직감한 비행사는 침착한 말투로 젊은이에게 왜 그러는지 말해 보라고 했다. 그는 "만사가 귀찮고 괴롭다. 사람들이 싫고, 학교생활과 가정생활도 엉망이고, 군대에 가는 것도 싫다." 하며 불평했다.

신앙심이 깊은 비행사 해리 데이비스는 어떻게 말해야 좋을지 도와 달라고 하느님께 기도했다. 그는 젊은이에게 물었다. "예수님을 아는가? 그분은 당신보다 훨씬 더한 고통을 당하신 분이시다. 아무 죄도 없으신 예수님은 수난을 받고 십자가에서 돌아가셨다. 당신은 예수님께서 당하신 고통과 당신의 처지를 비교해 보았는가?" 비행사의 침착한 이야기에 젊은이는 감명을 받았다. 그는 비행사의 말을 듣고 눈물을 흘리면서 조용히 권총을 내려 놓았다.

우리는 누구나 나름대로 자신의 십자가를 지고 살아간다. 때로는 견디기 힘든 경우도 있지만, 예수님의 고통을 묵상한다면 우리의 십자가는 훨씬 가벼워질 것이다.

또 제 십자가를 지고 나를 따르지 않는 사람도 나에게 합당하지 않다(마태 10,38).

주님, 저희가 어려움에 처할 때마다 주님의 고통을 묵상하며 용기를 잃지 않도록 도와주소서.

진정한 슈퍼스타

예수님께서는 공생활 3년 동안 복음을 전하신 후에 수난을 받으시고 골고타 산 십자가 위에서 돌아가시고 무덤에 묻히셨다. 만일 이것으로 예수님의 일생이 끝났다면 평범한 삶을 살다 가신 훌륭한 인물 정도로 역사에 기록됐을 것이다.

그렇다면 과연 예수님은 2000여 년 전에 이스라엘이라는 작은 나라에서 태어나서 한 많은 인생을 살다 간 젊은 청년에 불과한가?

그렇지 않다. 그분은 평소에 제자들에게 말씀하신 대로 돌아가신 지 사흘 만에 극적으로 부활하셨다. 그리스도의 부활이 없었다면 우리의 신앙은 헛된 것이고 오늘날의 그리스도교는 존재하지 않았을 것이다.

1973년 3, 4월 두 달 간 미국인들은 텔레비전 앞에서 월남전에 참전하여 월맹군에게 잡혀 있다가 석방되는 미군 포로들의 모습을 큰 관심을 갖고 지켜보았다. 그런데 송환되는 군인들 중에서 뜻밖에 로날드 상사가 나타났다. 그의 부모는 텍사스의 휴스턴에서 살고 있었는데, 그들은 1968년 국방성에서 아들의 전사 통보를 받고 그의 소지품까지 돌려받았다. 그 부모는 가까운 친지들과 함께 로날드의 장례식을 치렀다. 그런데 갑자기 송환자 명단에 이름이 나오고 그의 모습이 텔레비전에 나타난 것이다.

로날드는 오랜 포로 생활로 얼굴이 창백하고 체중이 많이 준 모습이었지만, 극적으로 살아서 돌아온 것이다. 그는 전쟁 영웅으로 마을 사람들의 열렬한 환영을 받았다.

로날드 상사의 일은 전쟁터에서 일어난 착오로 생긴 경우였다. 그러나 예수님은 진정한 의미에서 슈퍼스타이시다. 분명히 돌아가셨다가 사흘 만에 부활하셨고 지금도 우리와 함께 사는 분이시다.

그러자 예수님께서 그에게 이르셨다. "나는 부활이요 생명이다. 나를 믿는 사람은 죽더라도 살고, 또 살아서 나를 믿는 모든 사람은 영원히 죽지 않을 것이다. 너는 이것을 믿느냐?"(요한 11,25-26)

죽음에서 부활하신 예수님, 저희가 주님의 부활을 믿고 언젠가는 저희도 부활할 것이라는 믿음을 간직하게 해 주소서.

진정한 기회를 주시는 분

우리는 서유럽의 14, 15세기를 흔히 르네상스라고 부른다. 르네상스란 말은 '재생하다renaitre'라는 뜻의 프랑스 말에서 유래되었다. 이 시기에 활약했던 대표적인 화가에는 레오나르도 다빈치, 미켈란젤로, 라파엘로 등이 있고, 소설가에는 《데카메론》의 저자 보카치오 등이 있다.

이탈리아 북부 지방에 있는 고풍스러운 도시 플로렌스에는 미켈란젤로가 다윗 임금의 모습으로 조각한 다비드(다윗)상이 박물관에 전시되어 있다. 해마다 수많은 사람들이 섬세하고 활력이 넘치는 이 다비드상을 감상하지만, 이 작품에 얽힌 뒷이야기는 잘 모른다.

사람들은 처음에 다비드상의 조각가로 미켈란젤로를 추천했다. 그러나 조각을 의뢰한 영주는 그가 너무 젊다는 이유로 받아들이지 않았다. 그래서 중견 조각가가 다윗 임금의 모습을 조각하기 위해 최선을 다했으나 실패하고 말았다. 플로렌스의 영주는 젊은 미켈란젤로를 다시 불러서 조각할 기회를 주었다. 미켈란젤로는 두 번째 기회를 놓치지 않았다. 한 번 기회를 놓쳤다고 해서 다시 한 번 더 기회를 얻지 못할 이유는 없다.

진정한 예술가는 돌덩어리를 보고 작품의 윤곽을 구상한다. 하느님께서도 가장 비천한 존재 안에서 당신의 구원 사업에 도움이 되는 선량함과, 소멸되지 않는 인간성, 활기와 재치의 번득임을 보신다. 마찬가지로 우리도 모든 사람 안에서 부정적인 면이 아니라 창조적인 면을 보아야 한다.

하느님께서는 실패로 좌절감에 빠져 있는 우리가 다시 일어설 수 있도록 힘을 주신다. 그리고 영적으로 죽어 가는 사람들에게 생명을 불어넣는 분이심을 기억해야 한다.

"이와 같이 이 작은 이들 가운데 하나라도 잃어버리는 것은 하늘에 계신 너희 아버지의 뜻이 아니다."(마태 18,14)

주님! 제가 실패했을 때 당신께서 저에게 다시 재기할 기회를 주셨듯이, 저희도 다른 사람들에게 재기하려는 의욕을 주는 지혜를 갖게 하소서.

의 정

성경에 예수님께서 불쌍한 환자들을 보시고 연민의 정으로 그들의 병을 치유하셨다는 말이 자주 나온다. 그러면 연민이란 무슨 뜻인가? 리처드 로버트 교수는 "우리가 연민의 정을 가질 때 다른 사람의 불행을 나의 것으로 만들 수 있다."라고 말한다.

이 말은 성경에 자주 나오는 연민이라는 말을 가장 정확하게 정의한 말이다. 연민compassion이란 단어의 어원은 두 라틴어 단어가 합성된 것이다. '함께'라는 뜻인 '쿰cum'과 '고통을 받다'라는 의미의 '파티오르patior'가 합해진 것이다.

우리가 심한 고통과 갈등을 겪고 있는 사람에게 참된 연민의 정을 느낀다면, 우리는 그저 참 안됐다고 말하는 것 이상의 사랑을 그 사람에게 보여 주는 것이다. 이런 자세는 어려움을 겪고 있는 사람과 같이 고통을 나누고, 더 나아가 그가 시련을 이겨 낼 수 있도록 그를 위해 개인적인 희생도 마다하지 않는 것이다.

이 세상의 수많은 사람들이 다른 사람의 연민에 찬 도움을 기다리고 있다. 그러나 실제로 도와주는 사람은 그렇게 많지 않다. 그러나 그리스도인인 우리는 굶주리고 가난한 사람, 집 없이 떠도는 사람, 적절한 교육을 받지 못한 사람과, 직업이 없는 사람들을 마음에서 우러나오는 연민으로 도와주어야 한다.

그리스도께서는 우리가 본받아야 할 모범을 보여 주셨다. 그분은 불쌍한 사람들에게 항상 연민을 느끼셨고, 다른 사람의 불행을 자신의 일처럼 생각하셨다. 우리는 이런 예수님의 자세를 본받아서 어려운 사람들을 도와주는 데 앞장서야 할 것이다.

예수님께서는 배에서 내리시어 많은 군중을 보시고 가엾은 마음이 드셨다. 그들이 목자 없는 양들 같았기 때문이다. 그래서 그들에게 많은 것을 가르쳐 주기 시작하셨다(마르 6,34).

예수님, 저희가 당신처럼 다른 사람의 어려움과 고통을 자신의 것으로 여길 수 있는 사람이 되게 하소서.

어느 폭풍우 몰아치던 날 밤

 예수님은 제자들과 유대인들에게 "밀알 하나가 땅에 떨어져 죽지 않으면 한 알 그대로 남아 있고 죽으면 많은 열매를 맺는다."(요한 12,24)라고 말씀하셨다. 그렇다. 밀알이 땅에 떨어져야 싹이 나오고, 자라서 무성한 잎을 내고 열매를 맺을 수 있다. 우리도 가정이나 사회생활에서 자기를 희생하는 정신을 가질 때 좋은 열매를 맺을 수 있다.

 미국 펜실베이니아주 동쪽 끝에 있는 도시 필라델피아에 폭풍우가 몰아치던 날 밤에 일어난 일이다. 그날 어느 작은 호텔 데스크에서 나이 든 부부가 직원에게 방을 구할 수 있는지 물었다. "큰 호텔들은 이미 다 차서 방을 구할 수 없었습니다." 그러자 그 직원이 말했다. "저희 호텔도 마찬가지입니다. 그러나 이런 악천후에 두 분을 밖으로 내보낼 수는 없습니다. 불편하시더라도 제 방에서 주무셨으면 합니다." 그러자 노부부가 "그러면 당신은 어디서 잡니까?" 하고 물었다. 그 직원은 "제가 알아서 하겠습니다. 걱정하지 마십시오."라고 대답했다.

다음 날 아침 노부부는 방 값을 지불하면서 "당신은 젊지만 참으로 훌륭한 매니저입니다. 당신은 미국 최고급 호텔의 매니저가 될 자격이 있는 사람이오." 하며 떠났다.

2년이 지난 어느 날, 젊은 매니저는 뉴욕행 왕복 기차표가 들어 있는 편지를 받았다. 보낸 사람은 폭풍우가 치던 날 자기 방에서 자고 간 노부부였다. 그들은 맨해튼 34번가 5번지로 그 매니저를 데리고 가서 새로 지은 큰 건물을 보여 주며, "저 건물은 당신이 매니저로 일할 뉴욕 최고의 호텔입니다." 하고 말했다.

젊은 매니저 조지 볼트는 너무나 감격해서 더듬거리며 감사했다. 그 노인은 미국의 호텔 왕이 된 아돌프 아스토리아였다. 당시나 지금이나 이 호텔은 외국의 대통령과 최고위층 귀빈들이 머무는 뉴욕 최고의 호텔이다.

우리가 밀알 하나가 되고자 하는 마음으로 이웃에게 작은 친절을 베풀 때, 참된 그리스도인의 정신을 실천하는 것이다.

내가 진실로 진실로 너희에게 말한다. 밀알 하나가 땅에 떨어져 죽지 않으면 한 알 그대로 남고, 죽으면 많은 열매를 맺는다(요한 12,24).

주님, 당신께서 말씀하신 대로 저희가 땅에 떨어진 밀알이 되어, 마침내 이 세상의 빛과 소금이 되게 하소서.

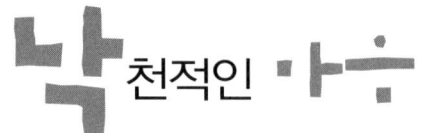 낙천적인 마음

사회생활을 하다 보면 매사에 소극적이고 비관적인 사람들을 만난다. 반면에 모든 일을 긍정적으로 보고 낙천적으로 생각하는 사람들도 있다.

그러면 우리의 인생에 어떤 자세가 바람직할까? 두말할 것도 없이 비관적인 자세보다 낙천적인 자세가 훨씬 바람직하다. 낙천적인 사람은 주위에 친구가 많고, 주위 사람들에게 기쁨과 활력을 준다.

로버트 루이스 스티븐슨은 낙천적인 사람이었다. 그는 많은 책을 저술했고, 그중 대부분이 많은 인기를 얻었다. 그의 대표적인 작품은 우리가 잘 아는《보물섬》,《지킬 박사와 하이드》,《타샤의 어린이 정원》등이다. 스코틀랜드 출신인 스티븐슨은 여러 해 동안 결핵으로 고생하다가 안타깝게도 마흔 살에 세상을 떠났지만, 그는 매사에 적극적인 자세를 가지고 살았다.

한번은 그가 심하게 기침을 했다. 그러자 아내가 "오늘을 좋은 날이라고 믿어 봐요." 하고 말했다. 이럴 때 이런 말을 하면, 대부분의 환자들은 신경이 날카로워져서 짜증을 내기 마련이다. 그러나 스티븐슨은 "당연하지! 침실 선반에 있는 기침약들이 나의 낙천적인 마음을 이기지 못하지." 하고 말했다.

사회생활에서 겪는 시련이나 역경으로 좌절과 절망에 빠졌을 때 이것을 극복하는 것은 쉽지 않다. 그러나 우리는 마음의 상처나 두려움을 낙관적인 자세와 신앙의 힘으로 물리치도록 해야 한다.

주위 환경이 당신의 마음을 지배하게 하지 마라. 항상 하느님을 신뢰하고 어떤 어려움이 닥치더라도 낙천적인 마음으로 이겨 내도록 노력하라.

이스라엘의 거룩하신 분 주 하느님께서 이렇게 말씀하신다. "회개와 안정으로 너희가 구원을 받고 평온과 신뢰 속에 너희의 힘이 있건만 너희는 싫다고 하면서 '아닙니다. 말을 타고 도망하렵니다.' 하고 말하였다. 그러므로 너희가 도망치게 되리라. '날랜 말을 몰고 가렵니다.' 하였으니 너희의 추격자들이 날래게 쫓아가리라."(이사 30,15-16)

예수님, 시련과 역경을 겪을 때일수록 당신께 더욱 의지하며 낙관적인 마음으로 이겨 낼 수 있도록 도와주소서.

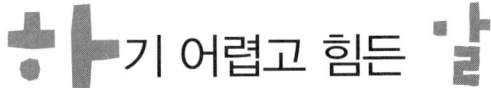기 어렵고 힘든 말

  '내 잘못이다'와 '용서한다'라는 말은 우리가 무척이나 하기 힘들어하는 말 중의 하나다. 부부 사이에 일어나는 사소한 잘못도 "내 잘못이다." 하면 모든 문제가 해결될 것을 자존심 때문에 서로 버티다 더 큰 상처를 입는다. 다음 예화는 용서가 얼마나 놀라운 힘을 가지고 있는지를 보여 준다.

  미국 서부 개척 시대에 한 개 연대가 인디언 지역에 주둔하고 있었다. 병영 생활은 아주 거칠고 위험했다. 하루는 어느 군인의 과음 때문에 징계 위원회가 열렸다. 그는 과거에 음주 문제로 여러 번 징계를 받은 전과가 있었다. 위원장인 대령은 "당신은 과거에도 과음 때문에 여러 번 징계를 받았다. 위원회는 여러 번 주의를 주었으나, 당신은 과음하는 버릇을 고치지 못하고 다시 이 자리에 서 있다." 하고 훈계했다.

그때 위원 중의 한 사람인 젊은 대위가 위원장에게 그 군인의 군 복무 기록을 보여 달라고 요청하였다. 대위는 기록을 읽은 후에 위원들에게 "이 사람이 한 번도 받지 못한 처분이 있습니다." 하고 말했다. 위원장이 "그것이 무엇인가?" 하고 묻자 대위가 말했다. "이 사람은 한 번도 용서를 받아 보지 못하고 처벌만 받았습니다." 이 말에 잠시 생각을 한 위원장은 위원들과 간단한 회의를 한 후에, "당신은 지금까지 처벌만 받았다. 이번에는 당신의 전과 기록을 말소하고 관용을 베풀겠다." 하고 말했다. 그 군인은 처음에는 놀라다가 곧 얼굴을 감싸고 울면서 떠났다. 그 후 그는 완전히 다른 사람으로 변하여 충실하게 군 생활에 임했고, 계속해서 진급했다.

우리도 잘못했을 때는 잘못을 솔직히 인정하고, 상대방의 잘못은 너그럽게 용서하는 신앙인이 되도록 노력하자.

"너희가 저마다 자기 형제를 마음으로부터 용서하지 않으

면, 하늘의 내 아버지께서도 너희에게 그와 같이 하실 것이다."(마태 18,35)

주님, 다른 사람들이 저희를 용서해 주기를 바라는 것처럼 저희가 남의 잘못을 용서하는 너그러운 사람이 되게 하소서.

꽃도 가라지가 될 수 있다

사람은 누구나 아름다운 꽃을 좋아한다. 추운 겨울이 지나고 봄이 오면, 동면에 들었던 나무들이 새로운 싹을 틔우고 아름다운 꽃들이 피어난다. 5월이 되어 야외에 나가면 온갖 꽃들이 만발한 아름다운 자연을 감상할 수 있다.

가정, 직장, 교회, 모임에서 꽃은 아름다운 장식으로 사용되며, 연인이나 가까운 사람들에게는 사랑의 징표로서 선물이 되기도 한다.

네덜란드는 꽃의 나라로 잘 알려져 있다. 봄에 네덜란드 들판은 온통 꽃밭이어서, 눈이 닿는 데까지 아름다운 꽃으로 덮여 있다. 여러 가지 꽃들의 색깔이 매우 아름답기 때문에 전 세계에서 수많은 관광객들이 몰려온다.

특히 유월의 네덜란드 남부의 밀밭 풍경은 환상적이다. 부드러운 황금색 밀밭 여기저기에 수레국화라는 아름다운 푸른빛 꽃들이 피어 있어서 그 아름다움을 더해 준다. 이 환상적인 장면은 시인들에게는 좋은 시상을 주고 화가들에게는 유채화 그림의 좋은 소재가 된다.

그러나 이 꽃은 농부들에겐 별로 달갑지 않다. 왜냐하면 이 푸른색 꽃은 밀 수확량의 삼분의 일을 감소시키기 때문이다. 이는 성경에 나오는 가라지와 비슷하다. 농민들의 고민은 밀밭을 망치지 않고서는 그 꽃들을 없앨 수 없다는 것이다. 게다가 많은 관광객들이 이 꽃을 따기 위해 밀밭으로 들어가서 밀밭을 짓밟기까지 한다.

왜 하느님께서는 아름다운 밀밭에 밀 수확을 감소시키는 매력적인 꽃이 피어나게 하시는가? 네덜란드 농민들은 하느님께서 자연의 조화와 어울리지 않는 실수를 하셨다고 자조적으로 말한다. 하지만 하느님께서는 인간 사회에도 똑같은 상황을 허락하셨다. 대부분의 사람들은 선량한데 그중의 일부는 그렇지 않다는 것이다.

그는 이렇게 일렀다. '아니다. 너희가 가라지들을 거두어 내다가 밀까지 함께 뽑을지도 모른다.'(마태 13,29)

자연을 창조하신 하느님, 저희가 밀밭의 가라지 같은 사람이 되지 않도록 도와주소서.

저 사람 대신 나를

예수님께서는 제자들에게 "첫째 계명은 하느님을 사랑하는 것이고 둘째 계명은 이웃을 제 몸같이 사랑하는 것이다." (마르 12,30-31 참조) 하고 말씀하셨다. 그래서 첫째 계명을 실천하기 위해 자신의 목숨을 바쳐 하느님을 사랑한 사람들을 순교자라고 부른다. 많은 그리스도인들이 둘째 계명을 실천하기 위해서 노력해 왔지만, 자신의 목숨까지 바친 사람은 흔하지 않다. 그런데 그런 사람이 있다면 그 사람을 어떻게 불러야 할까?

1980년 바티칸 광장에서 20여 만 명이 운집한 가운데 시성된 폴란드 출신 막시밀리아노 마리아 콜베 성인을 보면 그 답을 알 수 있다. 요한 바오로 2세 교황은 악명 높은 아우슈

비츠 수용소에서 어려움에 처한 사람 대신 자신의 생명을 바친 콜베 성인을 '사랑의 순교자'라고 불렀다.

콜베 성인은 제2차 세계 대전 중에 아우슈비츠 수용소에 수감되었다. 지금도 제1수용소 건물들은 그대로 보존되어 독가스로 수감자들을 죽인 가스실과 화장막, 교수대와 총살형 장소가 그대로 남아 있고, 수감자들이 탈출하지 못하게 설치해 놓은 전기 철조망도 그대로 남아 있다.

당시 이런 엄중한 감시 속에서도 탈출한 사람들이 있었다. 그런데 이러한 일이 발생한 후 24시간 내에 탈출자들을 체포하지 못하면, 수용소장은 수감자들을 운동장에 모아 놓고 임의로 열 명을 불러내어 지하 감방에 가두고 굶겨서 죽였다. 하루는 탈출자가 24시간이 지나도 체포되지 않았다. 그래서 운동장에 모인 수감자들 중에서 열 명을 불러내는데 마지막 사람이 울부짖으며 필사적으로 저항했다.

이를 본 콜베 성인이 앞으로 나섰다. 수용소장이 "당신은 누구요?" 하고 묻자 그는 가톨릭 신부라고 대답하면서 "저 사람 대신 나를 지하 감방에 넣어 주시오." 하고 말했다. 수용소장은 잠깐 생각하더니 그렇게 하라고 허락했다. 수감자 10명은 억울하게 한 사람씩 죽어갔다. 마지막까지 살아 있던 콜베 성인은 군의관이 놓은 석탄산 주사에 죽었다. 지금도 그 지하 감방에는 항상 콜베 성인의 사랑과 희생 정신을 기리기 위한 작은 기념비와 꽃이 놓여 있다.

이것이 나의 계명이다. 내가 너희를 사랑한 것처럼 너희도 서로 사랑하여라(요한 15,12).

주님, 저희도 콜베 성인의 사랑의 정신을 본받아 이웃의 고통을 대신할 수 있도록 도우소서.

메랑 같은 인생의 법칙

"뿌린 대로 거둔다"라는 말이 있다. 인생은 자신이 행한 대로 돌아온다는 뜻이다. 내가 상대방에게 친절하게 대하면 상대방도 나를 친절하게 대할 것이고, 내가 상대방에게 불친절하게 대하면 상대방도 나를 불친절하게 대할 것이다.

마더 데레사 복녀의 삶이 이를 잘 입증해 준다. 전 유고 연방의 마케도니아 출신인 보잘것없는 작은 수녀의 장례식에 수많은 각 국의 대표들이 참석해 조의를 표했다. 그 이유는 마더 데레사 복녀가 그리스도의 사랑 정신을 평소에 몸으로 실천했기 때문이다.

아름다운 캐나다 로키 산맥의 높은 지대에 어머니와 아들이 살고 있었다. 어느 날 아들은 자신이 잘못한 일 때문에 어머니에게 심하게 꾸중을 듣고 산으로 올라갔다. 그러고는 절벽 벼랑 끝에 서서 어머니에 대한 불만을 터트렸다. 그는 반대편 산을 향해 "당신이 미워요! 당신이 미워요!" 하고 소리를 질렀다. 그러자 계곡 반대편에서 메아리가 울려왔다. "당신이 미워요! 당신이 미워요!" 깜짝 놀란 소년이 어머니에게 달려갔다.

그는 흐느끼면서 "내가 밉다고 소리치는 저 나쁜 사람은 누구죠?" 하고 물었다. 어머니는 어린 아들의 손을 잡고 다시 절벽 벼랑 끝으로 올라가서 "당신을 사랑해요! 당신을 사랑해요!" 하고 크게 외치라고 말했다.

아들은 자신이 외치는 대로 메아리가 되어 되돌아오는 말을 들었다. 메아리는 아들이 한 말을 부드럽게 반복해서 들려주었다. 어머니는 아들을 껴안고 말했다. "아들아, 이것이 인생의 법칙이다. 네가 주는 대로 돌려받는단다."

그렇다. 잠깐 지나가는 이 세상에서 내 이웃에게 많은 것을 베풀고 살면, 그 대가는 반드시 나에게 되돌아올 것이다.

속임수 저울은 주님께서 역겨워하시고 정확한 추는 주님께서 기뻐하신다(잠언 11,1).

오! 주님, 제가 받은 만큼 다른 사람에게 줄 수 있는 너그러운 마음을 주소서.

가장 근본적인 충성

예수님께서는 승천하시기 전에 제자들에게 "예루살렘을 떠나지 말고, 나에게서 들은 대로 아버지께서 약속하신 분을 기다려라. 요한은 물로 세례를 주었지만 너희는 며칠 뒤에 성령으로 세례를 받을 것이다."(사도 1,4-5)라고 당부하셨다. 열흘째 되는 날 세찬 바람이 불며 불꽃 모양의 혀로 나타난 성령이 그들에게 내렸다. 그 후 제자들은 다락방을 박차고 나와서 사람들에게 담대하게 복음을 전하기 시작했다. 그래서 우리는 성령 강림 대축일을 교회가 시작된 날로 생각한다.

그러나 그리스도교는 약 300여 년 동안 로마 제국의 박해를 받으며 많은 시련을 겪었고, 수많은 순교자들이 죽음으로 그리스도를 증거했다. 오랜 박해가 끝난 것은 기원후 313년

콘스탄티누스 황제가 공식적으로 종교의 자유를 허락한 후다. 그 후에 황제의 어머니인 헬레나 성녀는 처음으로 예루살렘을 순례하고, 예수님께서 묻히신 곳에 주님 무덤 성당을 지었다.

콘스탄티누스 황제의 아버지 콘스탄티우스는 이교도였다. 그는 황제의 자리에 오르자 정부 각 부처인 행정부, 법원과 군 지도부에 그리스도인들이 많이 있는 것을 알고 매우 놀랐다. 그래서 그는 이들 그리스도인들에게 그리스도를 포기하든지 정부 요직을 사임하라고 엄한 명령을 내렸다.

많은 그리스도인들이 그리스도를 배신하지 않고 자신의 자리에서 물러나 신앙을 지켰다. 그러나 신앙심이 약하고 겁이 많아 세속적인 권력에 집착한 사람들은 그리스도를 배신하고 자신의 자리를 지켰다.

그러나 얼마 후에 황제는 그리스도를 배신한 자들을 갑자기 전부 쫓아내고 그리스도에게 충성을 바친 사람들을 복권시켰다.

왜 그랬을까? 그는 한 번 배신한 사람은 다시 배신한다는 사실을 알고 있었기 때문이다. 우리도 시련이 올수록 그리스도께 더욱 충성하는 신앙인이 되어야 할 것이다.

시몬 베드로는 서서 불을 쬐고 있었다. 사람들이 그에게 "당신도 저 사람의 제자 가운데 하나가 아니오?" 하고 물었다. 베드로는 "나는 아니오." 하며 부인하였다(요한 18,25).

주님, 저희가 신앙 때문에 시련과 박해를 겪을수록 순교자들의 정신을 본받게 하소서.

의 자세

기원후 2세기 프랑스 리옹의 주교 이레네오 성인은 성경과 고대 그리스 문학과 철학 등 다방면에 걸쳐 많은 교육을 받았고 오늘날 '교의학의 아버지'라고 불린다. 이레네오 성인은 다음과 같이 하느님과 우리의 관계를 잘 설명했다.

마치 도공이 진흙을 손으로 빚어 도자기를 만들듯이, 우리는 하느님의 손으로 빚어진 하느님의 작품이다. 도공은 추운 겨울에는 도자기를 만들 수 없기 때문에 도자기를 만들 수 있는 적당한 계절이 오기를 기다린다. 또 도자기를 잘 만들기 위해서는 좋은 흙이 있어야 하고 흙을 물로 섞어서 도자기를 빚을 준비를 잘 해야 한다. 그렇지 않으면 좋은 도자기를 만들 수 없다. 한마디로 아무리 훌륭한 도공이라도 준비가 잘 되지 않은 진흙을 가지고는 명품을 만들 수 없다.

우리도 마찬가지다. 하느님께서 우리에게 주신 은총을 통해 열심한 신앙인이 되기 위해서는, 우리의 준비가 먼저 필요하다. 하느님의 은총을 받아들이기 위해서는 먼저 우리 마음의 문이 활짝 열려 있어야 한다. 그리고 도공이 도자기를 잘 빚기 위해서 재료를 잘 준비해야 하듯이, 우리의 마음이 부드럽고 순종하는 자세가 되어 있지 않으면, 하느님의 은총이 우리 마음속에 들어올 수가 없다.

진흙이 습기가 없이 딱딱하다면 아무리 유능한 도공이라 하더라도 좋은 작품을 만들 수 없듯이, 우리의 마음이 완고하면 하느님의 은총에 감명을 받을 수도 없고 하느님의 은총이 우리 마음속에 들어올 수도 없다.

따라서 우리는 창조주이신 하느님의 뜻대로 이루어지도록 그분께 모든 것을 맡기고 참고 기다려야 한다.

"이스라엘 집안아, 주님의 말씀이다. 내가 이 옹기장이처럼 너희에게 할 수 없을 것 같으냐? 이스라엘 집안아, 옹기장이 손에 있는 진흙처럼 너희도 내 손에 있다."(예레 18,6)

이 세상에서 가장 훌륭한 도공이며 예술가이신 예수님, 저희가 당신의 뜻에 맞는 사람이 되도록 모든 것을 당신께 맡기는 은총을 주소서.

말로 받아 되로 주기

사회생활을 하다 보면 자신에게 적의를 가지고 비방하며 마음에 상처를 주는 사람이 있게 마련이다. 그런 사람을 평생 동안 만나지 않고 사는 사람은 행복한 사람이다. 평범하게 사는 사람들은 좀 덜하지만, 사회적인 지위가 올라갈수록 자신도 모르게 적이 생기게 된다. 이럴 때 어떻게 대처하는 것이 현명할까? 증오를 증오로 대하면 문제가 해결될까? 그렇지 않다. 그렇게 하면 문제가 해결되는 것이 아니라 오히려 더욱 악화된다. 그렇다면 무기력하게 그냥 당하고만 있어야 하는가? 아니다. 적을 친구로 만들 수 있는 방법이 있다.

윌리엄 매킨리는 20세기의 전환점에서 미국 대통령을 지낸 사람이다. 그는 대통령 선거전 초반에 자신을 적대적으로 대하는 어느 신문사 때문에 고역을 치렀다. 그 신문의 기자가 대통령 후보를 밀착 취재하면서 대통령 후보를 조롱하고, 잘못한 것만 지나치게 부각시키는 기사를 썼던 것이다.

어느 몹시 추운 날 저녁, 매킨리는 다음 유세 장소를 향해서 마차로 이동하고 있었다. 그런데 그가 갑자기 마차를 정지하도록 명령했다. 자신을 취재하던 젊은 기자가 허름한 마차를 타고 추위에 떨면서 따라오고 있었기 때문이다. 그는 마부에게 그 기자를 자신의 마차에 태우도록 지시했다.

갑작스러운 친절에 당황한 기자는 "매킨리 씨, 당신은 내가 누군지 모르십니까?" 하고 물었다. 그러자 그는 기자에게 "잘 알고 있습니다. 추우니까 내 코트를 입고 내 마차에 타면 따뜻할 것입니다." 하고 말했다.

대통령 후보에게 적대적인 그 기자가 이후에 어떻게 변했는지 궁금하지 않은가? 이런 일이 있고 난 후에 그 기자의 기사는 어느 한쪽으로 치우치지 않는 공정한 기사로 변했다. 이 이야기를 들으면 원수를 사랑하라는 말의 의미를 이해할 수 있게 되지 않는가!

부드러운 대답은 분노를 가라앉히고 불쾌한 말은 화를 돋운다(잠언 15,1).

자비로우신 주님, 제게 상처를 주는 사람에게도 친절하게 대하도록 도와주소서.

달콤한 열매를 위해

　무슨 일을 하든지 끈기 있게 노력하지 않으면 성공할 수 없다. 성공한 모든 사람들은 인내의 과정을 거쳐서 자신의 분야에서 큰 업적을 남겼다. 그러나 어떤 목표를 달성하기 위해서 인내를 가지고 끈기 있게 일하는 것이 쉬운 일은 아니다. 인내는 반드시 뼈를 깎는 고통을 수반하기 때문이다.

　어린 나이에 이탈리아에서 미국으로 이민 온 안토니오 카렐라는 집 앞 정원에 구덩이를 파고 처음으로 배나무를 심었다. 그 후 나무 심는 것이 그에게 취미가 되었는데 72세가 된 지금도, 그는 뉴욕 아스토리아에 살면서 어린 시절에 심은 배나무가 잘 자라는 것을 보고 있다. 은퇴한 이후에도 나무를 야외에서 기르다가 해마다 겨울이 되면 햇볕이 잘 드는 양지바른 곳으로 옮겨서 기른다.

그가 처음 배나무를 심었을 때, 그는 인내가 필요하다는 것을 알게 되었다. 인내는 오늘날의 젊은이들이 배워야 할 중요한 교훈이다. 그들의 직업이나 취미 생활이 무엇이든지 인내를 가지고 노력하면 반드시 열매를 맺을 것이다.

우리의 신앙생활도 마찬가지다. 예수님께서는 "낙심하지 말고 끊임없이 기도하여라."(루카 18,1-8 참조)라고 말씀하셨다. 그러나 우리는 기도의 응답이 없다고 하느님을 원망하면서 실망할 때가 얼마나 많았던가? 그러나 사회생활이나 신앙생활이나 끈기와 인내가 없으면 성공할 수 없다.

"너희는 인내로써 생명을 얻어라."(루카 21,19)

예수님, 당신께서 공생활을 통해서 어려움을 참아 내는 인내를 보여 주셨듯이, 저희도 당신의 인내를 본받도록 은총을 주소서.

03
확신이 있기에 멈추지 않는다
*

소망의 씨앗으로 자라는 나무

사람은 항상 희망을 가지고 산다. 현재 생활이 어렵더라도 지금보다는 더 나아질 것이라는 희망을 가지고 있다. 그렇지 않다면 닥쳐오는 시련이나 어려움을 극복하기 힘들 것이다.

희망이라는 말은 참으로 좋은 뜻을 지니고 있다. 반대되는 의미를 가진 좌절, 절망과 같은 단어와 비교해 보면, 하늘과 땅만큼이나 차이가 난다.

우리는 항상 긍정적인 생각과 미래에 대한 희망을 가지고 살아야 행복한 삶을 살 수 있다. 과거에 지나간 일들은 잊어버리고, 앞으로 일어날 일은 걱정하기보다 희망을 가지는 것이 올바른 삶의 지혜다. 희망을 가지면 모든 것이 가능하다.

오스카 해머스타인은 미국 뮤지컬 영화계에서는 전설적인 인물이다. 리처드 로저스와 함께 우리에게 잘 알려진 《오클라호마》, 《남태평양》, 《왕과 나》, 《사운드 오브 뮤직》 등의 작품을 썼다. 그가 쓴 작품마다 흥행에 성공을 거두었다. 그러나 그의 코믹한 영화가 가진 재미에 대해 비판하는 사람들이 가끔 있었다. 그러한 비판에 대해 오스카는 변명하지 않았다. 그는 이렇게 말했다.

"이 세상은 서로 화합하지 못하고 정의롭지 못한 것들로 가득 차 있다. 그러나 현실은 추한 면도 있는 만큼 아름다운 면도 있다. 빈민굴에 대해 이야기하는 것보다 아름다운 아침에 대해 노래하는 것이 더 중요하다. 나는 어떤 작품이든지 그 안에 희망이 없는 것은 쓰지 않았다."

희망 없는 인생은 영적으로 죽은 인생이다. 희망을 가지고 일할 때 우리가 하는 모든 일은 가능하다. 그러므로 우리는 살아가면서 세상의 어두운 면만 보지 말고, 밝은 면을 보면서 희망을 가지고 살아야 한다.

이루어지지 않은 희망은 마음을 아프게 하지만 이루어진 소망은 생명의 나무가 된다(잠언 13,12).

구세주 예수님, 저희가 어떤 환경에서도 희망을 잃지 않고 살아가도록 도와주소서.

9회 말 역전 드라마

인생은 야구처럼 시합이 끝나 봐야 결과를 알 수 있다. 야구는 처음에 이기다가도 중간에 역전되고 다시 동점이 되었다가 9회 말에서 재역전될 수 있다. 도저히 이길 수 없어 보이던 게임도 마지막에 가서 이기는 경우가 많기 때문에 많은 사람들이 야구를 좋아한다.

인생은 야구 경기 같아서 실패할 때도 있고 성공할 때도 있다. 그러므로 인생이란 경기는 마지막 순간에 나타난 결과를 봐야 한다. 즉, 한 사람이 얼마나 잘 살았는지는 마지막 순간에 가서야 알 수 있다.

이 세상이 비록 공평하지 않다고 하지만, 저 세상에서는 예수님께서 우리가 한 일을 정확하게 심판하시고 보상해 주신다는 사실을 잊지 말아야 한다.

어떤 사람이 길을 가다가 길가의 공터에서 어린이들이 야구를 하고 있는 것을 보았다. 그는 한 어린이에게 누가 이기고 있는지 물어 보았다. 어린이는 "18대 0으로 지고 있어요." 하고 말했다. 그러자 그는 어린이에게 "열심히 해라. 절대로 실망하거나 포기하지 말고 열심히 해야 한다." 하고 격려했다. 그러자 어린이가 "실망하다니요! 우리는 절대로 포기하지 않아요. 아직도 이닝이 많이 남아 있거든요." 하고 말했다.

웃고 넘어갈 수 있는 이야기지만, 그 이야기가 주는 의미를 한번 생각해 보자. 자신의 인생이 실패라고 생각되거나 시련이 끝없이 밀려올 때, 인생은 야구 경기와 같다고 생각할 필요가 있다. 절대로 실망하거나 포기하지 말고 역전의 순간이 올 때까지 인내를 가지고 기다려야 한다.

그리고 언젠가는 인생이란 게임에서 이길 수 있다는 확신을 가져야 한다. 왜냐하면 우리는 실패를 성공으로 만들어 주시는 강력한 후원자인 하느님을 믿기 때문이다.

예수님께서는 수난을 받고 돌아가셨다. 인간적으로는 철저한 실패였으나, 사흘 만에 부활하심으로써 역전의 드라마를 이루어 내셨다.

그러나 우리는 우리를 사랑해 주신 분의 도움에 힘입어 이 모든 것을 이겨 내고도 남습니다(로마 8,37).

하느님, 저희가 당신을 신뢰하는 마음에서 우러나오는 자신감을 갖게 하소서.

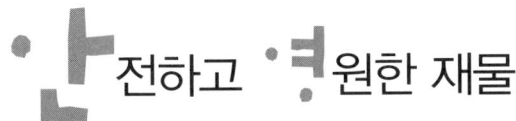

안전하고 영원한 재물

　우리는 사회생활을 하면서 자신이 하는 일을 통해서 재물을 모을 것인지, 아니면 재물에 뜻을 두기보다 직업 정신에 충실할 것인지를 한번쯤 고민하게 된다. 특히 전문직에 종사하는 사람들은 더욱 그렇다. 의사들은 대학에서 돈보다 인명을 더 중시해야 한다는 히포크라테스의 가르침을 배운다. 그러나 개업한 후, 학교에서 배운 것을 실천하려고 해도 생각만큼 쉽지 않다.

　그러나 아프리카의 오지에서 흑인들을 위해 평생을 봉사한 슈바이처 박사나 '국경없는의사회'의 회원들처럼 어려운 사람들에게 희생적으로 봉사하는 의사들도 있다.

　작가이자 〈뉴욕 타임스〉의 시사 평론가로 활동했던 제네

포우러는 세상을 떠날 때 이상한 유서를 남겼다. 유서에는 이렇게 써 있었다. "아내에게 유산으로 약 만 달러 정도밖에 물려주지 못해 미안하다. 그러나 내가 평소에 세속적인 재물에 너무 집착하지 않았다는 것을 알고 이해해 주기를 바란다."

동료들에게 존경을 받아온 그는 생전에 이렇게 말한 적이 있었다. "모든 예술가들은 죽는 날까지 재물을 추구하느냐, 아니면 재물을 버리고 외로운 투쟁과 희생이 따르는 일에 순수하게 전념하느냐 사이에서 어느 쪽을 택할 것인지 결정해야 한다. 나는 기꺼이 후자를 택했다."

어려운 사람들을 위해서 희생적으로 살기를 결심한다면, 우리는 많은 재물을 모으거나, 가족에게 유산을 물려주기 어렵다. 그러나 그것은 이 세상을 더 나은 곳으로 만들고 영원한 세상인 하느님 나라에 투자하는 길이다.

현세에서 부자로 사는 이들에게는 오만해지지 말라고 지시하십시오. 또 안전하지 못한 재물에 희망을 두지 말고, 우리에게 모든 것을 풍성히 주시어 그것을 누리게 해 주시는 하느님께 희망을 두라고 지시하십시오. 좋은 일을 하고 선행으로 부유해지고, 아낌없이 베풀고 기꺼이 나누어 주는 사람이 되라고 하십시오(1티모 6,17-18).

하느님의 아들이신 주님, 저희가 세속적인 재물에 집착하지 않고 하느님 나라에 더욱더 집중하도록 도와주소서.

위대한 지도자들의 다른 점

위대한 지도자의 사회생활이나 신앙생활에는 보통 사람과는 다른 모습이 있다. 그들은 무엇을 하든지 모범적이고 철저하다.

미국 초대 대통령인 조지 워싱턴은 성공회에서 세례를 받고 자랐다. 그러나 공적인 생활에서는 모든 교파의 예배에 참석했다. 그래서 그는 대통령 임기 중에 적어도 두 번은 가톨릭교회의 미사에 참석했다. 그와 가까이 지낸 사람들은 '대통령은 기도하는 사람'이라고 말했다.

그의 오래된 가방에서 찾은 작은 노트에 적힌 글을 보면 그가 어떤 기도를 했는지 알 수 있다. 제목도 간단한 '매일의 희생', '한 주간 감사할 일', '아침 기도, 저녁 기도' 등이었다.

그의 수요일 아침 기도를 보자.

"전능하시고 영원하신 하느님, 우주 만물을 창조하신 창조주, 우리 주 예수님의 아버지이신 하느님, 당신의 종인 저를 하늘에서 동정과 연민의 정으로 굽어보소서. 제가 당신 앞에서 항상 겸손하게 하시고 저에게 자비를 베풀어 주소서."

조지 워싱턴의 메모를 보면 그가 하느님의 사람이었음을 알 수 있다.

워싱턴만이 아니라 중국의 공산화를 막기 위해 끝까지 투쟁하다가 대만에서 국민 정부를 세운 장제스 총통도 마찬가지다. 개신교 신자였던 총통은 공산주의자들과 싸우면서도 신앙생활에 충실했다. 그는 얼마나 열심히 성경을 읽었던지, 장제스 기념관에 전시되어 있는 그의 성경은 손때가 묻어서 아주 낡은 것을 볼 수 있다. 또한 그의 성경에는 중요한 구절에 펜으로 여러 번 줄이 쳐져 있다.

워싱턴 대통령이나 장제스 총통은 세계적으로 위대한 인

물이며 그들의 공통점은 '하느님의 사람'이라는 것이다.

희망 속에 기뻐하고 환난 중에 인내하며 기도에 전념하십시오(로마 12,12).

주님, 저희도 언제 어디에서나 하느님의 사람이 되도록 도와주소서.

금률

누구나 이기적인 사람보다 친절하고 다정한 사람을 좋아한다. 그리고 불우한 이웃을 위해서 헌신적인 사랑을 베푸는 사람을 존경한다.

아프리카 오지에서 평생동안 의료 봉사를 한 알버트 슈바이처 박사, 콜카타의 빈민굴에서 가난한 사람들을 위해 봉사한 마더 데레사 복녀, 그리고 하와이의 외딴 불모지 몰로카이 섬에서 버려진 나환자들을 위해 봉사하다가 끝내는 자신도 나환자가 되어 생명을 마친 다미안 드 베스테르 성인…….

그들은 예수 그리스도의 사랑의 계명을 몸으로 실천한 이들이자, 우리가 본받아야 할 박애주의자들이다. 그리스어가 어원인 박애주의자Philanthropist라는 단어는 원래 '사람을 사랑하는 자'라는 의미를 갖고 있다.

우리가 어려운 사람들을 재정적으로 도와준다면, 그들의 행복을 위해 도움을 주는 것이다. 그런데 어려운 사람을 재정적으로 도와주는 것 이외에 더 귀중한 것이 있다. 그것은 그들도 우리와 같은 고귀한 사람임을 깨닫는 것이다. 그렇기 때문에 그들의 자존심이 상하지 않도록, 그들의 기분을 잘 살펴야 한다.

그들의 말을 진지하게 들어 주자. 마음에서 우러나오는 칭찬을 하고, 긍정적이고 기쁜 마음의 자세를 보여 주자. 항상 친절하게 대하자. 그리고 다른 사람들이 우리에게 해 주기 바라는 대로 그들에게 해 주자.

황금률은 금빛 찬란한 것만을 말하는 것이 아니다. 어려운 사람들에게 진정으로 필요한 것은 돈만이 아니라, 그들을 사람답게 대해 주는 사랑과 존중의 정신이다. 그리고 이 마음이 돈보다 더 귀중하다는 것을 알아야 한다.

그러므로 이 계명들 가운데에서 가장 작은 것 하나라도 어기고 또 사람들을 그렇게 가르치는 자는 하늘 나라에서 가장 작은 자라고 불릴 것이다. 그러나 스스로 지키고 또 그렇게 가르치는 이는 하늘 나라에서 큰사람이라고 불릴 것이다(마태 5,19).

예수님, 저희가 올바르게 살도록 인도해 주소서.

하얀 맹세

흔히 체코의 수도 프라하는 동유럽의 파리라고 부르고, 헝가리의 수도 부다페스트는 동유럽의 로마라고 부른다. 부다페스트는 다뉴브 강을 끼고 양쪽에 도시가 형성되어 있고, 전쟁으로 인한 피해를 거의 입지 않아서, 고대 유적이 그대로 남아 있다. 이런 이유로 동유럽의 로마로 부르는 것이다. 그러나 오랫동안 공산주의 체제에서 지냈기 때문에 도시 전체가 어두운 편이다.

제2차 세계 대전 중에 부다페스트의 어느 건물 지하에서 젊은 여인들이 흰 코트를 만들고 있었다. 그런데 도시 여기저기에서는 러시아군과 헝가리 군인들이 시가전을 벌이고 있었다. 여인들은 죽음을 당하는 것도 두려웠지만 그보다 더 두려운 것은 러시아 군인들에게 겁탈당하는 것이었다. 이런 어려움 속에서도 한 사제는 생명을 걸고 그들에게 성체를 영해 주고 있었다.

1945년 1월 29일, 다같이 묵주 기도를 드리고 있는데, 갑자기 러시아 군인이 들어왔다. 모든 사람들이 놀라서 어쩔 줄을 모르고 있는데 그 군인은 벽에 있는 십자가를 붙잡고 나서 제일 나이 많은 여인에게 떨리는 목소리로 말했다. "어머니, 저는 전쟁에 나올 때 강간이나 폭력을 당하는 여인들을 구해 주겠다고 본당 신부님께 약속했습니다."

그리고 나서 "러시아 군인들이 들어오거든 겁내지 말고 사령관의 지시로 군인들의 겨울 군복인 흰 코트를 만들고 있다고 말하십시오." 하고 말했다. 그 후에 술에 취한 군인들이 들어왔으나 흰 코트를 받아 들고 폭력을 행사하지 않은 채 순순히 물러갔다.

미사 때 사제들이 장백의를 입는 전통은 예수님의 시대까지 거슬러 올라간다. 초대 교회에서 흰색은 순결과 순교를 의미했다. 우리도 항상 순결하고 깨끗한 마음으로 그리스도를 섬기도록 노력해야 할 것이다.

몸의 단련도 조금은 유익하지만 신심은 모든 면에서 유익합니다. 현재와 미래의 생명을 약속해 주기 때문입니다(1티모 4,8).

주님, 저희가 이 어려운 세상에서 깨끗한 마음으로 당신을 섬기게 하소서.

진정한 용기

용기라는 말은 대단히 좋은 뜻을 지니고 있다. 다른 사람이 당신에게 용기가 없고 겁 많은 사람이라고 말한다면 마음이 많이 상할 것이다. 그러나 반대로 누군가 당신에게 대단히 용기 있는 사람이라고 말한다면 기분이 좋을 것이다. 우리 자신이나 다른 사람에게 위험이 닥칠 때 우리는 스스로 용기 있는 사람이라는 것을 보여 주어야 한다.

어느 의사가 여덟 살 소년에게 "누이동생이 몇 년 전 네가 앓았던 병으로 죽어 가고 있는데, 동생의 병을 고치기 위해서는 너의 피를 수혈하는 방법밖에 없단다."라고 말했다. 그러고 나서 의사는 소년에게 "여동생의 생명을 구하기 위해 너의 피를 수혈해 줄 수 있겠니?" 하고 물었다.

　소년은 한순간 주저했고, 두려워하는 모습이 완연했다. 그러다가 마침내 그 소년은 단단히 결심하고 대답했다. "의사 선생님, 할게요." 의사가 소년의 피를 뽑고 있었는데, 소년이 "의사 선생님, 제가 언제 죽는지 확실히 말해 주세요." 하고 말했다.

　그제서야 의사는 피를 빼서 여동생에게 주어야 동생이 살 수 있다고 말했을 때, 왜 소년이 주저하면서 공포에 떨었는지 알게 되었다. 소년은 여동생의 생명을 구하기 위해서 자신의 생명을 희생해야 한다고 생각했기 때문에 결정하는 데 시간이 걸렸던 것이다.

　영웅적인 용기는 군인이나 경찰관, 소방관 같은 사람에게만 필요한 것이 아니다. 실제로 진정한 용기는, 희생이 필요할 때 어려운 이웃을 위해서 자신의 생명까지도 기꺼이 내놓을 수 있는 마음의 자세를 말한다.

　"생명으로 이끄는 문은 얼마나 좁고 또 그 길은 얼마나 비

좁은지, 그리로 찾아드는 이들이 적다."(마태 7,14)

예수님, 저희가 일상생활에서 희생이 요구될 때 기꺼이 희생할 수 있는 용기를 주소서.

지근한 신앙생활 탈출법

 성사 생활과 기도 생활을 열심히 하는 것은 하느님의 은총을 받는 방법이다. 성사 생활과 기도 생활을 열심히 하지 않는다면 하느님의 은총을 받을 수 없다. 특히 예수님께서는 공생활 중에 열심히 기도하셨고, 제자들에게도 항상 기도하라고 강조하셨다. 열심한 교우들은 한결같이 기도를 드리는 사람들이다. 이는 오늘날에도 마찬가지다.

 존 헨리 뉴먼 추기경은 하느님께서 자신에게 베푸신 사랑에 대해 다음과 같이 책에 썼다.
 "저의 주님이신 성령이시여! 만약 제가 이 세상에서 다른 사람들과 전혀 다른 점이 있다면, 당신께서 저를 당신의 자녀로 선택해 주신 덕분입니다. 그리고 저의 마음속에 하느님의 사랑이 무엇인지 알게 해 주신 은총 덕분입니다.

교회에서 교우들의 공경을 받는 수많은 성인들의 삶처럼 제가 그렇게 살지 못한다면, 그것은 제가 당신의 은총을 충분히 받을 수 있도록 열심히 기도하지 않았기 때문입니다. 그리고 당신께서 저에게 주신 은총에 감사하고 더욱더 열심히 살지 못했기 때문입니다. 저에게 주신 사랑의 은총이 더욱더 성장하도록 열심히 노력하겠습니다."

우리도 자신의 신앙생활을 돌이켜 보면 뉴먼 추기경과 같은 고백을 할 수 밖에 없을 것이다. 추기경이 말한 것을 우리가 실천한다면, 우리의 열심하지 못한, 미지근한 신앙생활에 대한 해결책을 마련할 수 있게 될 것이다.

뉴먼 추기경처럼 열심히 기도하려고 끊임없이 노력한다면, 필요한 은총의 샘물을 어떻게 발견할 수 있는지 알 수 있다. 그리고 기도를 통해서 그 은총을 얻을 수 있다.

우리는 지금 가지고 있는 것에 대해 감사하는 마음으로 기도해야 한다. 그리고 세상 만물 중 유일하게 사람에게만 기도할 줄 아는 은총을 주신 하느님께 기쁜 마음으로 감사드려야 한다.

예수님께서는 낙심하지 말고 끊임없이 기도해야 한다는 뜻으로 제자들에게 비유를 말씀하셨다(루카 18,1).

성령님이여, 저희가 하느님께 대한 확신을 가지고 쉬지 않고 기도할 수 있는 은총을 주소서.

의탁이라는 은총

불교의 가르침에 인생은 고해라는 말이 있다. 삶 자체가 고통의 바다를 헤쳐 나가는 것과 같다는 의미다. 누구도 이 말을 부정하지는 못할 것이다. 특히 부모가 가장 슬플 때는 사랑하는 자녀가 세상을 떠났을 때라고 한다. 그래서 부모보다 자녀가 먼저 죽으면 그보다 더한 불효가 없다고 말한다. 그러나 마음대로 되지 않는 것이 세상살이다.

로니스 비아스는 어머니로서 견디기 힘든 엄청난 일을 당했다. 큰아들 렌은 보스턴의 셀틱스 프로 농구팀에 1순위로 스카우트된 우수한 운동선수였다. 하루는 라이벌 팀과 경기 중에 부상을 당해 병원에 입원했다. 치료를 받는 중에 코카인이 과도하게 투여되는 바람에 1986년에 스물두 살의 나이로 억울하게 죽었다. 당시 어머니의 심정이 어떠했는지는 상상하고도 남을 것이다.

엎친 데 덮친 격으로 4년 후에는 스무 살 된 둘째 아들이 집에 들어온 강도의 권총에 살해당한다. 이런 비극적인 일은 어떤 부모도 감당하기 어려운 고통이다. 그러나 두 아들을 잃은 비아스는 좌절하지 않았다. 그녀는 견디기 힘든 시련을 신앙으로 극복했다. 그녀는 사람들에게 자신이 어떻게 그런 엄청난 고통을 극복했는지에 대해 이렇게 말한다.

"만약 하느님의 은총이 아니었다면 나는 미쳐 버렸을지도 모른다. 그러나 하느님께서는 나에게 둘째 아들을 살해한 사람을 용서할 수 있는 은총을 주셨다. 지금 내가 갖고 있는 유일한 관심은 우리가 모두 용서하면서 같이 살아야 한다는 것이다. 이 진리를 깨달아야 한다. 나에게 그 진리를 알게 해 주신 분은 바로 예수 그리스도이시다."

살아가면서 어려운 시련을 겪을 때 좌절하거나 절망하지 말아야 한다. 두 아들을 잃고도 꿋꿋이 주님께 의지하면서 시련을 극복한 비아스 자매와 같이 항상 주님께 의탁하는 생활을 해야 한다.

내 말을 들어라, 야곱 집안아 이스라엘 집안의 남은 자들아, 모태에서부터 업혀 다니고 태중에서부터 안겨 다닌 자들아. 너희가 늙어 가도 나는 한결같다. 너희가 백발이 되어도 나는 너희를 지고 간다. 내가 만들었으니 내가 안고 간다. 내가 지고 가고 내가 구해 낸다(이사 46,3-4).

하느님, 저희가 어려운 시련을 당할 때에 항상 저희와 함께해 주소서.

언제나 어디서나 무엇이든지

중세의 성인들 중에는 스페인 출신의 성인이 많다. 예수회를 설립한 이냐시오 데 로욜라 성인, 동양에 처음으로 복음을 전한 프란치스코 하비에르 성인, 교회 박사로 불리는 십자가의 요한 성인과 예수의 데레사 성녀가 대표적인 성인들이다.

마드리드에서 가까운 세고비아와 아빌라는 지금도 많은 사람들이 순례하는 곳이다. 예수의 데레사 성녀가 설립하고 살았던 가르멜 수녀원은 지금도 잘 보존되어 있다. 그리고 그녀가 태어난 아빌라는 이슬람교도들의 침략을 방어하기 위해 축조해 놓은 아름다운 성곽이 도시를 둘러싸고 있다.

예수의 데레사 성녀는 많은 책을 저술했는데, 특히 수도자와 교우들을 위해 아름다운 호칭 기도를 책으로 썼다. 다음은 그 일부분이다.

"주님, 제가 당신을 버릴지라도 주님께서는 저를 버리지
마시고 영원한 복을 내려 주소서.
제가 가장 외로운 순간에 캄캄한 어둠을 헤맬 때라도
당신 사랑의 손길로 저를 감싸 안아 주소서.
저희의 완고한 마음을 녹여 주소서.
제가 저 자신을 사랑하는 것보다 더 저를 사랑해 주소서.
제가 주님의 은총에 충분한 감사를 드리지 못해도
당신 은총을 내려 주소서.
저와 모든 사람들에게서 선량함을 이끌어 내어 주소서.
당신의 사랑으로 저희의 죄를 용서해 주소서.
항상 변함없는 사랑을 베풀어 주소서.
저와 당신의 모든 피조물 위에 무한한 은총을 내려 주소서."

예수의 데레사 성녀는 이 기도뿐만 아니라 자신의 모든 생활이 '감사 기도'가 되도록 했다. 우리는 어떤가? 우리는 매시

간 매 순간 하느님께 감사할 일이 너무나 많다.

레위인들인 예수아, 카드미엘, 바니, 하사브느야, 세레브야, 호디야, 스반야, 프타흐야가, "일어나 주 여러분의 하느님을 찬미하십시오." 하고 외쳤다. "모든 찬양과 찬미 위에 드높으신 당신의 영광스러운 이름은 영원에서 영원까지 찬미받으소서."(느헤 9,5)

자비로우시고 인자하신 주님, 저희가 무슨 일을 하든지 항상 감사하게 하소서.

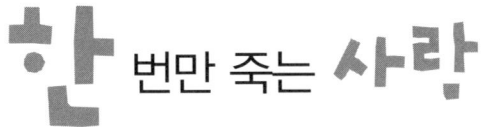
한 번만 죽는 사람

누가 당신에게 비겁한 사람이라고 말한다면, 기분이 굉장히 나쁠 것이다. 비겁하다는 말은 무슨 뜻인가? 그것은 어떤 사람이 억울한 일을 당하고 있는 것을 보고도, 나의 일이 아니니 관여하지 않는 것이 좋겠다고 생각하고 도와주지 않거나, 불의에 침묵하고 복종하는 뜻이다.

반대로 용감하다고 하는 것은 어떤 사람이 강도를 만나 위기에 처했을 때 모른 척하고 지나가는 것이 아니라, 강도를 잡으러 달려가거나 도와주고, 시련을 당했을 때 좌절하지 않고 꿋꿋이 이겨 내는 것이다.

당신은 어떤 사람이 되고 싶은가? 기원전 500여 년 중국의 공자는 "옳다는 것을 알고 행동으로 옮기지 않는 것은 굉장히 비겁한 짓이다."라고 말했다. 셰익스피어도 이와 비슷한 말을 했다. "비겁한 자는 육신이 죽기 전에 이 세상에서 벌써 여러 번 죽은 사람이다. 그러나 용감한 사람은 일생 동안 한 번밖에 죽지 않는다."

하느님께서는 사람이 선과 진리를 추구하도록 창조하셨다. 우리가 정의롭고 질서 있는 사회를 만드는 데 공헌하지 못한다면 우리는 자신에게 상처를 주게 될 것이다. 그리고 그것은 하느님께서 우리에게 주신 선을 추구하는 뜻을 거스르는 것이다. 자신의 운명을 결정하는 문제든, 가족과 친구들과 일반적인 인류를 위한 문제든, 피하지 않고 해결하려는 자세로 양심이 명령하는 대로 행동해야 한다.

우리가 하느님께서 우리에게 기대하시는 대로 살아야겠다고 결심한다면, 다른 사람들에게 비겁한 겁쟁이라는 말은 듣지 않을 것이다. 그리고 나아가 하느님을 진심으로 사랑하는 사람들과, 자기 이웃을 자신처럼 사랑하는 사람에게 보상으로 주어지는 마음의 평화와 기쁨을 경험할 것이다.

사랑에는 두려움이 없습니다. 완전한 사랑은 두려움을 쫓아냅니다. 두려움은 벌과 관련되기 때문입니다. 두려워하는 이는 아직 자기의 사랑을 완성하지 못한 사람입니다. 우리가 사랑하는 것은 그분께서 먼저 우리를 사랑하셨기 때문입니다(1요한 4,18-19).

예수님, 어려운 일이 다가올 때 피하지 않고, 책임감을 가지고 용감하게 사랑을 실천하도록 도와주소서.

농부 아내가 탈 노새는?

남미 대륙에는 안데스 산맥이라고 불리는 큰 산맥이 남북으로 뻗어 있다. 다음 예화는 안데스 산맥에서 일어난 한 농부에 대한 이야기다.

한 여행객이 안데스 산맥 오솔길에서 노새를 타고 오는 농부를 만났다. 뒤에는 그의 아내가 걸어서 따라오고 있었다. 여행객은 농부에게 "왜 당신의 아내는 노새를 타고 가지 않습니까?" 하고 물었다. 그러자 농부는 "아내가 탈 노새가 없어서요." 하고 말했다.

물론 농부는 자기만 편하게 노새를 타고 가는 것을 미안하게 여기고 노새 한 마리가 더 있으면 아내도 탈 수 있을 것이라고 생각했을 것이다.

우리는 사회생활을 하면서 그 농부와 같은 생각을 자주 한다. 많은 돈을 가지고 있다면 가난한 사람들을 도울 수 있다고 생각하고, 그러지 못하는 것을 미안하게 여긴다.

우리는 대부분 어려운 이웃을 볼 때 동정은 하지만 행동으로는 실천하지 않는다. 그러나 하느님께서 원하시는 것은 우리 분수에 맞게 이웃을 돕는 일이다.

조금만 마음을 바꾸면 자신의 처지에 맞게 도와줄 수 있는 방법이 많지만, 우리는 그런 기회를 놓치고 적당한 합리화로 죄책감을 피하려고 한다. 야고보 사도의 말씀을 기억하자.

"믿음에 실천이 없으면 그러한 믿음은 죽은 것입니다."(야고 2,17)

> 그때에 임금이 대답할 것이다. '내가 진실로 너희에게 말한다. 너희가 이 가장 작은 이들 가운데 한 사람에게 해 주지 않은 것이 바로 나에게 해 주지 않은 것이다.'(마태 25,45)

주님, 저희가 해야 할 일과 그 일을 행할 수 있는 방법을 알게 도와주소서.

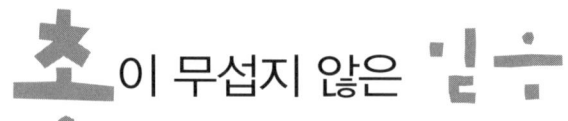

총이 무섭지 않은 믿음

　순교란 박해가 다가왔을 때 그리스도를 위해 목숨을 걸고 그리스도를 증거하는 것이다. 다시 말하면 생명을 바쳐 그리스도에게 충성을 바치는 것이다. 그래서 순교자가 되는 것은 쉬운 일이 아니다. 그리고 우리가 반드시 기억해야 할 것은 순교자들 뒤에는 수많은 배교자가 있었다는 사실이다.

　자기의 목숨을 구하기 위해 그리스도를 배신하고, 더 나아가 동료들을 밀고하고 관헌들의 앞잡이가 되어 신자들을 체포하러 다닌 사람들도 있었다.

　다음 일화는 중국의 가톨릭 여학교에서 일어난 여학생들의 순교에 대한 내용이다.

1900년 중국에서는 의화단 사건이 일어났다. 이 사건은 주로 외국인들과 그리스도인들에 대한 반감에서 일어났다. 반란군들 일부가 가톨릭 여학교에 난입해 들어갔다. 반란군들은 출입문을 전부 봉쇄하고 정문만 열어 놓은 뒤, 모든 학생들을 교정에 모았다. 그리고 정문에 예수님의 십자가를 놓아두고, 십자가를 밟고 지나가는 학생들은 살려 주었다. 그러나 십자가를 밟지 않고 지나가는 학생은 그 자리에서 총으로 사살했다.

처음 일곱 명의 학생은 겁이 나서 십자가를 밟고 정문을 나와서 생명을 건졌다. 그러나 여덟 번째 학생은 십자가 앞에 무릎을 꿇고 십자성호를 그은 뒤 십자가를 밟지 않고 나와서 그 자리에서 사살되었다. 이렇게 그 당시 여학생들 중에서 백여 명이 그리스도를 위해서 순교했다.

이 반란 동안 그리스도인 약 3만여 명이 그리스도를 배신하지 않고, 하나밖에 없는 고귀한 생명을 바쳐 그리스도를 증거하며 순교했다.

우리는 현재 박해 시대에 살고 있지 않음을 감사하면서 열심히 신앙생활을 해야 한다. 평소에 열심히 신앙생활을 하지 않던 사람이 박해가 왔을 때 순교한 경우는 거의 없다는 것을 교회 역사가 증명하고 있기 때문이다.

"우리는 모두 깨끗한 채로 죽겠다. 너희가 우리를 부당하게 죽였다는 것을 하늘과 땅이 증언해 줄 것이다." 하고 말하였다(1마카 2,37).

주님, 저희가 박해 시대에 살고 있지 않음에 감사드리고, 평소에도 순교 정신으로 신앙생활을 하도록 도와주소서.

당신은 숨 쉬고 있는가

가톨릭교회의 교리에 의하면, 하느님의 은총을 얻는 방법은 기도와 성사 생활에 있다고 한다. 새들이 하늘을 날 때 두 날개를 이용하듯이 우리가 천국에 가기 위해서는 이 기도와 성사라는 두 날개가 필요하다. 기도를 충실히 하기는 쉬운 일이 아니지만, 기도는 신앙생활에서 가장 중요한 것이다. 기도는 영혼의 호흡과도 같아서 우리는 기도를 통해 하느님을 만나고 대화할 수 있다.

기도는 우리를 변화시키는 힘을 가지고 있다. 기도를 잘하기 위해서는 마음에 감동이 있는 기도를 드리고, 기도를 하기 위한 시간을 내야 한다.

그러나 기도를 꾸준히 드리는 데에 게으름, 분심, 바쁜 사회생활과 안일한 신앙생활 같은 많은 장애 요소가 있다. 그래서 《기도 안에서 친교Fellowship in Prayer》란 책을 저술한 프랜시스 세리던은, 우리가 하느님의 도움 없이는 얼마나 가련한 존재인지 알게 하기 위하여, 하느님께서는 기도하기 어렵게 만드는 장애물이 있게 하셨다고 말한다. 그녀는 이러한 장애물을 제거하는 데 도움이 되는 몇 가지 조언을 해 준다.

* 항상 기도하는 시간이 같다면, 그 시간을 바꾸어 보라.
* 기도 모임에 참석해서 다른 사람과 같이 기도하라.
* 새로운 전례 모임을 만들어 보라.
* 성인들이 하던 대로 기도해 보라.
* 기도하는 데 장애물이 있다고 하느님께 말씀드려라.

프랑스의 영성학자 그레고리오 베르나노스는 "기도하려는 마음 자체가 기도가 된다."라고 말했다. 우리는 항상 기도를 열심한 마음으로 하고, 기도를 통해서 주님을 만나도록 노력해야 할 것이다.

그러니 너희가 나를 부르며 다가와 나에게 기도하면 너희 기도를 들어 주겠다. 너희가 나를 찾으면 나를 만나게 될 것이다. 온 마음으로 나를 구하면 내가 너희를 만나 주겠다. 주님의 말씀이다. 그러면 내가 너희 운명을 되돌려 주어, 내가 너희를 쫓아 보낸 모든 민족들과 모든 지역에서 너희를 모아 오겠다. 주님의 말씀이다. 내가 너희를 유배 보냈던 이곳으로 너희를 다시 데리고 오겠다."(예레 29,12-14)

성령이신 하느님, 당신을 믿고 따르고자 하는 열망을 저희에게 주시고, 기도 안에서 주님을 만나고 당신의 현존을 체험하게 하소서.

 하느님 나라의 평행 이론

우리는 흔히 뿌린 대로 거둔다는 말을 많이 한다. 콩 심은 데 콩 나고 팥 심은 데 팥 난다. 콩을 심은 데서 사과나무가 자라기를 바라면 어리석은 생각이다. 이 말은 평소에 자신이 처신하는 대로 되돌아온다는 평범한 진리를 말해 준다.

큰 건축 회사에서 일하는 설계사가 어느 날 회사 대표에게 호출을 받았다. 대표는 도시의 가장 좋은 지역에 고급 주택들을 지을 예정이라며 모델 하우스를 지으라고 지시했다. 회사 대표는 돈을 아끼지 말고 최고급 자재를 사용하고, 일류 기술자를 고용해서 멋진 집을 지으라고 말했다.

설계사는 집을 지을 때 보이지 않는 부분은, 집이 완성되어도 아무도 알 수 없을 거라고 생각했다. 그런데 무엇하러 최고급 자재를 쓰고 일류 기술자를 쓸 것인가? 그는 보이지 않는 부분은 싼 자재를 구입하고 삼류 기술자를 고용해서 공사를 하고, 그 차익을 자신이 가졌다.

집이 완성되고 난 얼마 후에 회사 대표는 집의 완성을 자축하는 간단한 파티를 열었다. 회사 대표가 축사를 길게 한 후에 그 집 열쇠를 설계사에게 주자 설계사는 깜짝 놀랐다. 대표는 "이 집을 당신에게 줍니다. 당신이 우리 회사를 위해서 오랫동안 성실히 일해 주었기 때문에 감사의 표시로 드리는 것입니다." 하고 말했다.

설계사는 그야말로 심은 대로 거둔 것이다.

착각하지 마십시오. 하느님은 우롱당하실 분이 아니십니다. 사람은 자기가 뿌린 것을 거두는 법입니다(갈라 6,7).

심판관이신 주님, 저희가 거두기를 바라는 선과 진리, 정의와 평화, 아름다움과 신앙심을 위해서 무엇을 심어야 하는지 알게 하소서.

'자신을 이기는 사람이 진정한 승리자'라는 말이 있다. 적은 밖에 있는 것이 아니라 자기 안에 있다는 뜻이다. 그러므로 자신의 감정을 적절히 조절할 줄 아는 사람은 훌륭한 인격자가 될 수 있다.

프로이센의 황제 프리드리히 1세가 베를린 외곽의 한적한 시골길을 걷고 있었다. 그때 반대 방향에서 걸어오는 나이 많은 한 노인을 만나게 되었다. 두 사람은 걸음을 멈추었다. 황제는 별 관심을 가지지 않고 "당신은 무엇을 하는 사람입니까?" 하고 물었다. 나이 든 노인은 "나는 왕이오." 하고 대답했다. 프리드리히 황제는 깜짝 놀라서 "당신이 지금 왕이라고 말했소?" 하고 다시 물었다. 그러자 노인은 태연하게 "그렇소." 하고 대답했다.

프리드리히 황제가 다시 물었다. "당신이 다스리는 왕국은 어디에 있습니까?" 노인은 자랑스럽게 그리고 당당하게 대답했다. "나 자신이오. 나는 나의 감정을 적절히 조절할 수 있기 때문에 나 자신을 지배하는 왕이오. 나는 언제나 내가 원하는 것을 나에게 명령할 수 있소."

나이 든 할아버지의 논리대로라면 우리는 모두 왕이 될 수 있다. 그러나 우리 중에서 자기의 마음을 적절히 조절할 수 있는 실질적인 주인은 얼마나 되겠는가?

우리는 그 노인과 달리, 자신에게 제대로 명령하지 못하고 흔히 게으름과 짜증, 애착과 분노라는 전제 군주의 지배를 받는다. 감정을 조절하지 못하면 절대로 인격자가 될 수 없다. 신앙생활도 마찬가지다. 감정을 절제할 줄 모르는 사람은 올바른 신앙인이 될 수 없다.

모든 경기자는 모든 일에 절제를 합니다. 그들은 썩어 없어질 화관을 얻으려고 그렇게 하지만, 우리는 썩지 않는 화관을 얻으려고 하는 것입니다(1코린 9,25).

주님, 당신이 저를 지배하시어 저의 감정을 잘 조절할 수 있도록 도와주소서.

어둠 속에서 초를 켜는 것

우리에게 힘을 주고 용기를 주는 말이 있는 반면, 마음에 상처를 주고 좌절감을 주는 말도 있다. 후자의 경우 부정적, 절망, 좌절 등이 이에 속한다. 반면에 위로, 격려, 용기, 희망이 담긴 말들은 우리에게 힘을 준다.

그중에서 희망은 다른 사람들에게서 부정적인 것을 보는 것이 아니라, 긍정적이고 좋은 면을 보려고 노력하는 것이다. 다음은 희망이 어떤 상태를 의미하는지를 잘 말해 준다.

* 할 수 없다고 불평하지 말고 가능한 것부터 하나씩 해 나가는 것이다.
* 절망 속에서도 좌절하지 않고 최선을 다하는 능력이다.

* 하느님께 대한 깊은 신뢰와 사람의 본질적인 선에서 위로와 용기를 얻는 것이다.
* 어둠 속에서 절망하지 않고, 초 하나에 불을 켜는 것이다.
* 커다란 목표를 세우고 어려움이 닥치더라도 좌절하지 않는 것이다.
* 크든 작든 간에 모든 문제나 시련을 도약을 위한 또 다른 기회로 여긴다.
* 역경 때문에 포기하고 싶을 때, 포기하지 않고 계속해서 밀고 나가는 것이다.
* 시작이 반이라는 생각으로 자신이 세운 목표를 향해 꾸준히 밀고 나가는 것이다.
* 오해를 받더라도 다른 사람을 위해 희생하고 봉사한다는 긍정적인 생각을 한다.
* 예수님처럼 마지막에는 참된 승리자가 된다는 정신으로 한순간의 실패에 좌절하지 않는다.

사실 우리는 희망으로 구원을 받았습니다. 보이는 것을 희망하는 것은 희망이 아닙니다. 보이는 것을 누가 희망합니까? 우리는 보이지 않는 것을 희망하기에 인내심을 가지고 기다립니다(로마 8,24-25).

구세주이신 예수님, 제가 시련을 당하더라도 인내하면서 희망을 잃지 않게 하소서.

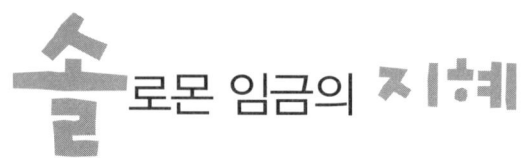로몬 임금의 지혜

　구약 성경에서 유명한 솔로몬 임금이 이스라엘의 임금이 된 것은 열아홉 살 때였다. 솔로몬 임금은 비록 어린 나이에 임금이 되었지만, 특별히 공직에서 시민에게 봉사하는 사람들이 본받아야 할 지혜를 갖고 있었다. 그는 그 지혜로 나라를 잘 다스렸다.

　솔로몬 임금은 자신이 부족한 점이 많은 사람이라는 것을 알고 이렇게 고백했다.
　"그런데 주 저의 하느님, 당신께서는 당신 종을 제 아버지 다윗을 이어 임금으로 세우셨습니다만, 저는 어린아이에 지나지 않아서 백성을 이끄는 법을 알지 못합니다."(1열왕 3,7)

그래서 솔로몬은 하느님께 백성을 잘 다스릴 수 있는 지혜를 달라고 기도했다.

"그러니 당신 종에게 듣는 마음을 주시어 당신 백성을 통치하고 선과 악을 분별할 수 있게 해 주십시오. 어느 누가 이렇게 큰 당신 백성을 통치할 수 있겠습니까?"(1열왕 3,9)

솔로몬의 겸손한 기도를 들으신 하느님께서는 그에게 특별한 지혜를 은총으로 주셨다. 하느님께서 그에게 이렇게 말씀하셨다. "네가 그것을 청하였으니, 곧 자신을 위해 장수를 청하지도 않고, 자신을 위해 부를 청하지도 않고, 네 원수들의 목숨을 청하지도 않고, 그 대신 이처럼 옳은 것을 가려내는 분별력을 청하였으니, 자, 내가 네 말대로 해 주겠다. 이제 너에게 지혜롭고 분별하는 마음을 준다. 너 같은 사람은 네 앞에도 없었고, 너 같은 사람은 네 뒤에도 다시 나오지 않을 것이다."(1열왕 3,11-12)

우리도 솔로몬 임금처럼 하느님께 현명한 판단을 할 수 있는 은총을 달라고 기도하자. 그러면 우리는 자신뿐만 아니라 다른 사람을 위해서도 많은 일을 성취할 수 있을 것이다.

"조상들의 하느님, 자비의 주님! 당신께서는 만물을 당신의 말씀으로 만드시고 또 인간을 당신의 지혜로 빚으시어 당신께서 창조하신 것들을 통치하게 하시고 세상을 거룩하고 의롭게 관리하며 올바른 영혼으로 판결을 내리도록 하셨습니다. 당신 어좌에 자리를 같이한 지혜를 저에게 주시고 당신의 자녀들 가운데에서 저를 내쫓지 말아 주십시오."(지혜 9,1-4)

성령님이시여, 제가 무슨 일을 하더라도 현명하게 처리할 수 있는 은총을 허락해 주소서.

포기하지 않을 때 오는 은총

 살아가면서 어려운 일을 겪을 때가 한두 번이 아니다. 학창 시절에는 공부를 잘하기 위해서 노력하지만 동료 학생들과 치열한 경쟁을 해야 한다. 어려움을 극복하지 못하고 중도에 포기하면 좋은 성적을 얻을 수 없다.

 대학을 졸업하고 사회생활을 시작하면 학교생활과는 비교할 수 없는 생존 경쟁이 우리를 기다리고 있다. 직장 생활이나 사업을 할 때 성공하기 위해서는 끊임없이 노력해야 한다.

 이 세상을 더 나은 세계가 되도록 노력하는 사람들은 진리와 정의를 위해 일하면서도 가끔 실망할 때가 있다. 성공에 가장 장애가 되는 것은 중도에 힘이 든다고 포기하는 것이다. 그러나 어렵다고 중도에 포기하면, 그 사람은 인생의 낙오자로 전락한다. 무슨 일을 하든지 강한 정신력을 가지고 중도에 포기하지 말아야 한다.

노르웨이 소속 큰 상선의 선원인 마흔세 살의 반 아스트럽은 파나마 운하로부터 약 22킬로미터 떨어진 곳에서 바다로 떨어졌다. 그러나 그가 바다로 떨어진 것을 아무도 보지 못했기 때문에 이 사실을 알지 못한 배는 파나마 운하의 입구인 크리스토발 항구를 향해 항해를 계속했다.

그를 구조해 줄 사람은 아무도 없었고, 그는 시간이 지나면서 점점 지쳐갔다. 물론 그는 수영을 포기하면 죽는다는 사실을 알고 있었다. 그래서 살기 위해 기도하면서 끈기를 가지고 수영을 계속했다. 마침내 그의 노력이 헛되지 않아 다섯 시간이 지난 후에 지나가는 배에 구조되었다.

하느님께서는 어려움 속에서도 좌절하지 않고 최선을 다하는 사람에게 은총을 주신다. 그런 사람은 마침내 큰 보람과 보상을 얻는다. 그러나 중도에 포기하는 사람은 자신에 대한 실망과 좌절만 얻게 될 것이다.

나는 훌륭히 싸웠고 달릴 길을 다 달렸으며 믿음을 지켰습니다(2티모 4,7).

지혜의 성령이시여, 절망감으로 포기하려는 유혹에 빠질 때 당신께 기도함으로써 당신의 도움을 받을 수 있다는 믿음을 가지게 하소서.

확신이 있기에 멈추지 않는다

당신은 뜻있는 목표를 가지고 인생을 살고 있는가? 그렇지 않으면 뚜렷한 목표 없이 맹목적으로 살고 있는가? 인생은 끝없는 도전의 연속이다. 짧은 인생을 의미 없이 살기보다는 보람 있는 목적을 위해서 봉사하고 도전하는 것이 인생을 더욱 뜻있게 보내는 방법이다.

기네스북에 기록된 플로렌스 채드위크는 영국과 프랑스 쪽에서 영국 해협을 헤엄쳐서 건넌 최초의 여성이다. 이 도전은 쉬운 일이 아니었다. 그러나 그녀는 각각 두 나라에서 출발한 도전을 두 번 모두 성공했다.

그녀는 이것에 만족하지 않고 그 다음 도전으로 카나리아

섬에서 34킬로미터 떨어진 캘리포니아 해안에 도착하는 모험을 택했다. 그러나 짙은 안개로 첫 번째 모험은 실패했다. 추위와 피로 그리고 안개로 인해 해안이 잘 보이지 않았기 때문에 출발한 지 15시간 만에 포기했다. 나중에 그녀는 800미터만 더 가면 해안이 있었다는 것을 알고 포기한 것을 안타까워했다. 그녀는 기자들에게 목표를 달성하지 못한 것은 자신의 능력 부족이라고 겸손하게 말했다.

  2개월 후에 그녀는 다시 도전했다. 추위와 피로 그리고 짙은 안개는 여전히 그녀를 괴롭혔지만, 강한 정신력과 신앙심을 가지고 끝까지 포기하지 않았다. 결국 과거 남자 수영 선수들이 기록한 시간보다 두 시간이나 더 빨리 캘리포니아 해안에 도착하는 위대한 업적을 세웠고, 이 해협을 수영으로 건넌 최초의 여성이 되었다.

  잠깐 지나가는 인생을 헛되이 보내지 말고 뜻있는 목표를 세우고 도전하라. 그리고 절대로 포기하지 마라. 우리의 신앙생활도 마찬가지다. 신앙생활을 무의미하게 하지 말고 열심한 그리스도인이 되고자 목표를 세우자. 그리고 죽는 순간까지 포기하지 말고 꾸준히 노력하자.

그러니 여러분의 그 확신을 버리지 마십시오. 그것은 큰 상을 가져다줍니다. 여러분이 하느님의 뜻을 이루어 약속된 것을 얻으려면 인내가 필요합니다(히브 10,35-36).

구세주이신 예수님, 어려운 시련을 당해도 끈기 있는 인내로 극복할 수 있도록 도와주소서.

나를 뒤쫓는 하늘의 사냥개

애완동물 중에 사람의 사랑을 가장 많이 받는 동물은 개라고 할 수 있다. 개들도 종류가 다양하다. 집 안에서 키울 수 있는 작은 애완용 개도 있고, 셰퍼드처럼 주로 밖에서 키우는 큰 개도 있다.

미국에는 개들이 달리기 경주를 하는 경기장이 있다. 경주용 개들이 경주를 할 때는 기수가 없이 자동 장치에 토끼를 달아서 돌리면 개들이 토끼를 잡기 위해 달려간다.

영어로 쓰인 종교적인 시 가운데 가장 유명한 것으로《천국의 사냥개》라는 시가 있다. 이 시는 하느님에게서 도망가려고 했던 시인 프랜시스 톰슨이 썼다. 그는 하느님을 사람의 영혼을 구하기 위해 끝까지 추적하는 사냥개에 비유했다. 시의 내용은 그의 신앙생활에서 나온 체험을 말해 준다.

그는 소년 시절에 사제가 되기를 원했으나 부친은 아들이 사제로서는 자질이 부족하다고 생각하여 의과 대학에 입학하도록 했다. 그러나 불행하게도, 그는 대학 생활을 하는 동안 아편에 손을 대어 몸과 마음을 망치게 되었다. 결국 그는 폐인이 되어 빈민가에서 구두를 닦고 성냥을 파는 가난한 생활을 하게 되었다.

그런데 다행히 어느 가난한 소녀의 도움으로 윌프레드 메이넬 부부를 만나게 되었고, 얼마 후 그 부부는 톰슨이 가지고 있는 선량함과 문학적 재능을 알게 되었다. 그래서 그가 다시 하느님의 사랑을 깨닫고 새로운 신앙생활을 하도록 도와주었다.

톰슨은 하느님의 사랑에서 벗어나려 했지만 하느님께서 그를 추적하여, 결국은 하느님의 사랑 속으로 다시 돌아오도록 하셨다.

우리는 하느님의 사랑을 깨닫지 못하고 하느님과 멀어지

려는 경향이 있다. 그러나 우리는 하느님께서 항상 우리의 영혼이 당신에게 돌아오기를 바라신다는 것을 알아야 한다.

하느님께서 우리에게 베푸시는 사랑을 우리는 알게 되었고 또 믿게 되었습니다. 하느님은 사랑이십니다. 사랑 안에 머무르는 사람은 하느님 안에 머무르고 하느님께서도 그 사람 안에 머무르십니다(1요한 4,16).

주님, 저희가 항상 주님의 곁을 떠나지 않고 열심히 신앙생활을 하도록 도와주소서.

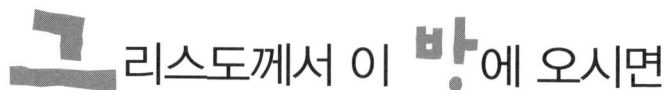리스도께서 이 방에 오시면

일반적으로 사람들은 역사상 가장 존경할 만한 성현으로 예수 그리스도와 석가모니, 소크라테스와 공자를 든다. 그들은 지금으로부터 약 2500년 전에 살았던 인물들이다.

그러나 예수 그리스도는 다른 인물들과 다른 점이 한 가지 있다. 그분은 단순한 사람이 아니라 하느님께서 사랑하는 아들이시며, 사람을 구원하기 위해서 이 세상에 오신 분이라는 점이다.

200여 년 전 영국에 찰스 램이라는 수필가가 살았다. 그는 33년 동안 선박 회사의 평범한 사원으로 근무했지만, 문필가로서도 상당한 명성이 있었다. 그의 수필은 품격 있는 유머와 연민에 찬 부드러운 문장으로 정평이 나 있어서, 그의 글을 좋아하는 이들이 많았다. 동시에 그는 가족과 친구들에게서도 신의 있는 인격자로 인정받았다.

어느 날 저녁 여러 친구들이 램의 집에 모여서 문학을 주제로 토론을 하다가 누군가 "이미 죽은 유명한 작가들이 이 자리에 나타나면 우리는 그들을 어떻게 대할까?" 하고 말했다. 그러자 한 사람이 "《신곡》을 쓴 단테가 나타나면 우리는 어떻게 할까?"라고 말했고, 또 다른 사람은 "윌리엄 셰익스피어가 나타나면 어떻게 하지?" 하고 말했다. 그러자 램은 "너무 기뻐서 그들 모두를 포옹하겠네. 셰익스피어는 문학가 중에서도 가장 위대한 분이 아닌가?" 하고 말했다.

마지막으로 한 사람이 진지한 표정으로 "그리스도께서 이 방에 들어온다면 우리는 그분을 어떻게 대하지?" 하고 물었다. 그러자 램은 진지하게 말했다. "우리가 모두 그분 앞에 무릎을 꿇어야지. 왜냐하면 앞에 두 사람은 역사상 위대한 문학가이지만 그리스도께서는 그들과 달리 하느님의 아드님인 신이시니까."

그러면 우리는 그리스도를 어떻게 생각해야 하는가? 이에 대한 답은 찰스 램이 이미 한 말을 통해서 알 수 있다. 그분은 하느님의 아드님이자 구세주로 이 세상에 오신 분이시다.

예수님께서 다시, "그러면 너희는 나를 누구라고 하느냐?" 하고 물으시자, 베드로가 "스승님은 그리스도이십니다." 하고 대답하였다(마르 8,29).

하느님, 예수님은 당신이 사랑하시는 아드님이심을 제가 믿고 예수님께서 언제나 제 삶의 중심이 되게 하소서.

확실한 인생의 지도자

성경은 세기를 초월해서 수많은 사람들이 읽는 베스트셀러다. 동서고금을 막론하고 성경만큼 인류에게 많은 영향을 준 책은 없다. 모든 사람이 하느님 앞에 동등하며 똑같은 권리를 가진다는 민주주의의 기본 정신도 성경에서 나왔다.

이 책의 모든 묵상 주제들의 끝에는 성경에서 발췌한 짧은 성경 구절이 있다. 이 책을 읽는 사람들이 묵상 주제들과 성경 구절을 같이 읽고 2, 3분 동안 묵상하기를 바란다. 이를 계기로 앞으로도 성경을 읽게 된다면 그것은 아주 고무적인 일이다.

이런 말을 하는 사람들을 보고 자신들의 신앙심으로 인해

으레 그렇게 말하는 것이라고 생각할 수도 있다. 성경의 가치를 알고 읽었던 사람의 일화를 보자.

제1차 세계 대전 중에 미국의 대통령을 지낸 우드로 윌슨은 성경을 매일 읽고 썼다. 그는 "나는 사람들이 매일 성경을 읽지 않는 것을 이상하게 생각한다. 우리에게 힘과 용기, 그리고 기쁨을 가져다주는 일을 왜 스스로 포기하는지 이해할 수 없다."라고 말했다.

세계에서 가장 뛰어난 책들 중 하나고, 오래된 책이지만, 성경은 펴서 읽으면 갑자기 새로운 의미로 다가오는 놀라운 책이다. 성경은 이 세상을 살아가는 우리를 올바른 길로 인도해 주는 책이며, 그 길은 아주 쉽고 유익한 것이다.

내일부터 확고한 결심을 가지고 매일 성경 읽기를 시작해 보자. 나에게 다가오는 영적인 풍요로움에 깜짝 놀랄 것이다. 당신은 성경 안에서 인생의 확실한 인도자를 만나고 하느님의 말씀을 발견하게 될 것이다.

성경은 전부 하느님의 영감으로 쓰인 것으로, 가르치고 꾸짖고 바로잡고 의롭게 살도록 교육하는 데에 유익합니다. 그리하여 하느님의 사람이 온갖 선행을 할 능력을 갖춘 유능한 사람이 되게 해 줍니다(2티모 3,16-17).

저를 영혼 깊이 사랑하시는 주님, 성경의 모든 말씀에서 당신을 만나게 해 주소서.

인생이란 거친 바다의 항해사

아일랜드 사람들이 가장 존경하고 좋아하는 성인은 파트리치오 성인이다. 특히 1900년대 초 심한 기근 때문에 미국으로 대거 이민을 간 아일랜드계 미국인들은 성인의 축일에 녹색 상의를 입고 다닌다.

약 1500여 년 전 파트리치오 성인은 아일랜드에서 선교를 시작하기 전에 〈갑옷의 가슴받이 *The breastplate*〉라는 유명한 기도문을 만들었다. 이 기도문은 지금까지도 수많은 사람들의 심금을 울리고 있다.

기도문에는 주님께서 우리와 항상 함께 계신다는 내용이 담겨 있다.

"주님, 제가 어디로 가더라도 항상 함께하시고
제가 일터로 나가서 일할 때도
저의 오른손 왼손과 함께하소서.
주님께서는 전쟁이 일어날 때 성채를 지켜 주시고
군인들의 전차에 함께 계시니
인생이란 거친 바다를 항해하는 저희가 탄 배의
훌륭한 항해사이십니다.
주님은 저를 사랑하는 모든 사람의 마음에 계시며
저와 대화를 나누는 모든 사람의 말에도 함께 계시고
저를 바라보는 모든 사람의 눈빛에도 함께 계십니다.
일터로 나가는 저를 사랑으로 감싸 주시고
일치의 신비인 삼위일체의 한 분이시며
저희가 어려울 때 항상 은총을 주는 분이십니다.
우주 만물의 창조주이신 하느님께서는
인류를 구원하시기 위해 그리스도를 보내 주셨습니다.
오! 주님, 당신의 구원 사업을 저희와 영원히 함께하소서."

주님의 종 다윗. 주님께서 그의 모든 원수들의 손아귀와 사울의 손에서 그를 건져 주신 날, 그가 이 노래로 주님께 아뢰었다. 그는 말하였다. 저는 당신을 사랑합니다, 주님, 저의 힘이시여(시편 18,1-2).

살아 계시는 하느님의 아들이신 그리스도님, 저희가 어디에 있든지 항상 함께하여 주소서.

광대가 쥐어 준 지팡이

　프랑스 파리의 루브르 박물관에 가면 이집트 고대 유물만 전시해 놓은 이집트 전시관이 있다. 루브르 박물관만 아니라 세계적인 박물관들은 거의 이집트 관을 따로 마련해서 고대 이집트의 유물을 한눈에 볼 수 있도록 해 놓았다.

　고대 이집트 사람들은 사람이 죽어도 영혼은 불사불멸한다고 믿었다. 그래서 박물관에 미라로 보존된 왕들이 있는 관 안쪽에는 밀 이삭이 그려져 있다. 왕이 저승에서도 이승에서와 같이 식량으로 쓰라고 밀밭을 그려 놓은 것이다.

　영국의 어느 귀족이 자신이 울적할 때 웃게 해 주는 어릿광대에게 지팡이를 주었다. 그리고 "너보다 더 멍청한 사람을 만나거든 이 지팡이를 주어라." 하고 말했다. 광대는 기꺼이 지팡이를 받았다. 그리고 그는 지팡이를 멋지게 장식해서 축제 때마다 사용했다.

어느 날 귀족이 죽음을 앞두고 어릿광대를 불렀다.

"나는 지금 먼 여행을 가려고 한다."

"어디로 가십니까?"

"나도 모른다."

"얼마나 걸리십니까?"

"영원히 돌아오지 못할 길을 간다."

"여행을 위해서 무슨 준비를 하셨습니까?"

"전혀 준비하지 않았다."

그러자 광대는 "이 지팡이를 가지십시오." 하고 말했다.

그리고 이 지팡이를 귀족의 손에 쥐어 주면서 "이 지팡이는 당신의 것입니다." 하고 말했다.

인생의 궁극적인 목적이 무엇인지 깨닫지 못하고 어디에서 와서 어디로 가는지 모르는 사람들은 어리석은 모험을 하고 있는 것이다. 우리는 그런 사람들을 위해 기도함으로써 그들이 이 세상에서 방황하지 않고, 올바른 목표를 가지고 살아갈 수 있도록 도울 수 있다.

어리석은 자 마음속으로 '하느님은 없다.' 말하네. 모두 타락하여 악행을 일삼고 착한 일 하는 이가 없구나(시편 14,1).

주님, 저희가 언젠가는 가야 할 영원히 돌아올 수 없는 먼 여행을 위해 평소에 잘 준비할 수 있게 도와주소서.

기회는 언제나 있다!

머리카락이 희끗희끗한 외과 의사가 오랫동안 병원에 있다가 퇴원하는 한 할머니에게 말했다. "입원비는 내지 않으셔도 됩니다. 그리고 내일 퇴원하실 수 있습니다."

그러나 할머니는 이렇게 말했다. "아닙니다. 수술비는 제가 지불해야 합니다. 선생님은 저를 수술하셨고 항상 친절하게 대해 주셨습니다. 게다가 선생님이 청구하는 의료비는 제가 생각하는 것보다 항상 적었습니다. 그래서 언젠가는 이 말을 꼭 하고 싶었습니다. 저는 돈이 많은 사람은 아니지만 이 의료비는 꼭 지불하고 싶습니다. 제가 신세를 많이 졌다는 것을 잘 알고 있고, 항상 선생님의 호의에 감사하고 있습니다." 외과 의사는 할머니의 말을 듣고 쾌활하게 웃으면서 "할머니의 말씀을 잊지 않고 이번에는 청구서를 보내 드리겠습니다." 하고 말했다. 할머니가 퇴원한 지 3일째 되는 날, 할머니는 병원에서 온 청구서를 받았다. 청구 금액이 생각했던 것보다 엄청나게 많아서 할머니는 깜짝 놀랐다.

그러나 청구서 밑에 담당 의사의 친필로 이렇게 적혀 있었다. "저희 병원에서는 할머니의 경제 사정을 참고해서 치료비는 이미 낸 것으로 처리했습니다."

우리는 매일 어려운 사람들을 자비로운 마음으로 도울 기회가 있다. 돈뿐만 아니라 시간과 재능으로도 도와줄 수 있다. 우리 주위에는 어려운 문제를 사려 깊은 마음으로 도와줄 수 있는 사람들이 생각보다 많다.

저마다 마음에 작정한 대로 해야지, 마지못해 하거나 억지로 해서는 안 됩니다. 하느님께서는 기쁘게 주는 이를 사랑하십니다(2코린 9,7).

주님, 당신이 저에게 주신 은총으로 어려운 이웃 사람들을 관대하게 도울 수 있도록 인도해 주소서.

그들과 대화할 수만 있다면

어떤 교우들은 1년에 두 번 성당에 간다. 평소에는 성당에 나가지 않다가 교우로서 최소한 체면은 지킨다는 생각으로, 예수 부활 대축일 미사와 예수 성탄 대축일 미사에 참여한다는 것이다.

미국에서는 예수 부활 대축일과 성탄 대축일은 3일 전부터 공휴일이다. 이 기간은 멀리 있던 가족이 함께 모여서 식사도 하고 우애도 나누는 귀중한 시간이다.

가족들이 성탄 대축일만이라도 아버지와 함께 성당에 가기를 바라지만, 아버지는 예수님께서 이 세상에 태어났다는 것은 꾸며 낸 이야기라고 생각하기 때문에 성당에 가지 않는다는 가정이 있었다. 하느님의 아들이 이 세상에 사람으로 태어났다는 것은 있을 수 없는 일이기 때문에 성탄 미사에 가지 않는다는 것이었다.

어느 추운 겨울 다른 가족들은 모두 성당에 가고 아버지만 혼자서 텔레비전을 보고 있었다. 그때 밖에서 눈보라가 세게 휘몰아치자 새들이 따뜻한 방 안으로 들어오려고 창문에 부딪히는 소리가 들렸다. 안타까운 마음에 그는 차고의 문을 열고 새들을 차고 안으로 들어오게 하려고 애를 썼지만, 새들은 밖에서만 맴돌 뿐 안으로 들어오지 않았다.

그래서 다시 방으로 들어오자, 이번에는 새들이 창가에 몰려와서 푸드덕거렸다. 그는 자신이 만일 새가 될 수만 있다면 새들과 대화할 수 있고 새들을 안전하게 차고로 인도할 수 있겠다는 생각이 들었다. 그 순간 그는 그리스도께서 인류를 구원하기 위해서 사람으로 오신 신비를 이해할 수 있게 되었다. 가족이 돌아오자 그는 자신의 생각을 이야기했다. 그날 가족들은 강론을 두 번 듣게 되었다.

그리스도 강생의 신비가 바로 이것이다. 그리스도께서는

사람이 되심으로써 미천한 사람을 구원하실 수 있었던 것이다. 이것이 바로 성탄의 의미다.

요셉이 그렇게 하기로 생각을 굳혔을 때, 꿈에 주님의 천사가 나타나 말하였다. "다윗의 자손 요셉아, 두려워하지 말고 마리아를 아내로 맞아들여라. 그 몸에 잉태된 아기는 성령으로 말미암은 것이다. 마리아가 아들을 낳으리니 그 이름을 예수라고 하여라. 그분께서 당신 백성을 죄에서 구원하실 것이다."(마태 1,20-21)

하느님, 부족한 우리를 구원하시기 위해 이 세상에 사랑하는 아들을 보내 주셔서 진심으로 감사드립니다.

유익한 충고를 하는 법

누군가에게 진심어린 충고를 하다가 그 관계가 서먹해져 본 경험이 다들 한 번씩은 있을 것이다. 그 사람을 위한 진심어린 충고조차도 오해를 받을 때가 있다. 그럴 때마다 '내가 괜히 나섰나?' 하는 생각이 들기도 한다. 과연, 충고는 인간관계를 방해하는 유해한 것일까?

영국의 작가 라이트 헌터는 "충고하는 것은 상대방에게 도움이 되기 때문에 나쁜 것이 아니다. 그러나 어떻게 충고해야 유익한지 아는 사람은 드물다."라고 말했다.

다른 사람에게 충고하는 것만큼 어려운 일도 없다. 그 사람을 위하는 마음으로, 좋은 뜻으로 말했지만 상대방은 자신을 무시하는 것으로 오해하는 경우가 있기 때문이다.

그렇기 때문에 충고할 때에는 심사숙고한 후에 상대방의 기분이 상하지 않도록 현명한 방법을 통해 전해야 한다. 효과적으로 충고하는 데 다음 몇 가지 방법이 도움이 될 것이다.

* 당신의 생각을 듣기 원하는 사람을 가르치려고 하지 말고, 당신이 생각하는 대안을 제시해 주도록 하라.
* 당신의 생각이 절대적이라는 인상을 주지 말고, 만약 나라면 나는 이렇게 하겠다는 표현을 사용하라.
* 만약 당신의 충고를 받아들이지 않아도 품위 있는 태도를 취하라. 충고를 받아들이지 않는다고 화내지 마라.
* 당신의 충고를 원하는 사람이 충고를 어떻게 받아들이는지에 대해서는 관심을 갖지 말고, 충고를 받아들이거나 그렇지 않거나를 상대방이 선택하도록 하라.
* 당신의 생각이 더 좋은 방법이라는 확신이 들면, 상대방이 받아들이도록 기다려라. 지나치게 강압적인 말투는 충고에 거부감을 느끼게 하므로 자신의 충고가 강압적 말투로 들리지는 않을지 생각해보는 것이 좋다.

우리는 생각하고 말하고 행동하는 모든 일에서 그리스도인다운 표양을 보이는 것이 바람직하다.

남이 너희에게 해 주기를 바라는 그대로 너희도 남에게 해 주어라(루카 6,31).

하느님, 저희에게 상대방의 기분이 상하지 않게 충고하는 방법을 가르쳐 주소서.

아찔한 위험이 없기 때문에

 수백 미터 높이에서 비행하는 비행기에서 낙하산을 타고 내려오는 사람들을 보면 부러운 생각이 들기도 한다. 그리고 나도 언젠가는 저렇게 멋진 낙하산을 타고 낙하해 봤으면 하는 바람을 가지게 된다. 요즘은 기술과 장비가 발전해서 많은 사람들이 한꺼번에 낙하하면서 모여서 여러 가지 모양을 만들기도 한다. 그러다가 마지막에 낙하산을 펴고 지상으로 내려온다.

 이렇게 하려면 고난이도 기술을 연마하고 터득해야 한다. 낙하산을 타고 내리는 것은 멋있지만, 강도 높은 기초 훈련이 선행되어야 한다.

 다음 일화는 낙하 훈련을 하다가 죽을 위험에 빠진 사람을 구한 흥미로운 이야기다.

미국 온타리오 주에 있는 공군 비행 학교에서 초보자들을 태운 비행기가 975미터 상공에서 낙하 훈련을 하고 있었다. 그런데 한 교습생이 낙하하다가 낙하산 끈이 비행기 끝에 엉켜서 낙하하지 못하고 매달려 있게 되었다. 이를 본 교관은 자신의 목숨을 걸고, 비행기에 매어 있는 줄을 타고 내려가서 비행기 끝에 걸려 있는 낙하산 끈을 풀었다. 그러고 나서 교관은 자신도 같이 지상으로 뛰어 내렸다.

지상에 내린 교관은 "지금 와서 생각해 보면 나도 내 행동이 아찔하다." 하고 말했다.

순간적인 판단으로 사람의 고귀한 생명을 구하기 위해서 자신의 생명을 내던지는 일에는 큰 용기가 필요하다. 그러나 우리가 그렇게 위험한 순간에 사람을 구할 일은 많지 않다. 게다가 낙하산 훈련 교관처럼 생명의 위험을 무릅쓰지 않더라도 이웃을 도와줄 길은 많다.

그렇기 때문에 우리는 더욱더 생명을 존중하는 마음으로

이웃에게 최선을 다할 수 있어야 한다.

마치 상인의 배처럼 멀리서 양식을 마련해 온다(잠언 31,14).

창조주이신 하느님, 저희가 말이나 행동으로 다른 사람들을 존중하는 방법을 알게 하소서.

죽어도 기뻐할 수 있는 이유

그리스도의 부활은 제자들에게 무엇보다도 기쁜 사건이었다. 제자들이 예수님의 복음 말씀과 기적을 보고 그분에게 거는 기대는 대단했다. 그들은 예수님께서 구약의 유다 왕국과 같은 나라를 다시 세우고, 로마 제국의 식민지에서 유대인들을 해방시켜 주실 메시아라고 생각했다. 그런데 대사제들과 유대인들의 선동으로 수난을 받고 돌아가셨으니 제자들이 느낀 좌절감은 상상하고도 남는다.

그러나 예수님께서는 제자들을 실망시키지 않으시고, 삼일 만에 부활하셨다.

4세기 콘스탄티노플의 대주교였던 요한 크리소스토모 성

인이 예수 부활 대축일에 한 설교는 부활의 의미를 잘 말해 준다. 그리고 교회가 그를 탁월한 설교가이자 교회의 박사라고 칭하는 이유도 알 수 있다.

"주님께서 죽음에서 다시 살아나신 부활 대축일을 축하합시다. 우리의 마음을 다해서 기쁘게 이 축일을 축하합시다. 그리스도의 부활은 우리의 부활을 예비해 주신 사건입니다. 그리스도는 죽음의 장벽을 허물고 부활하셨습니다.

이 세상에서 생각과 말과 행동으로 하느님을 믿고 따르는 사람에게는 영원한 행복이 보장되어 있습니다. 우리 주 예수 그리스도와 하느님과 성령의 자비로운 은총으로 우리 각자가 이런 행복을 얻게 되었습니다. 이 세상 끝까지 영광과 흠숭을 받으소서. 아멘."

우리도 부활하신 그리스도의 사랑과 진리를 이 세상에 전한 요한 크리소스토모 성인과 초대 그리스도인들의 정신을 본받도록 하자.

그러므로 여러분은 그리스도와 함께 다시 살아났으니, 저 위에 있는 것을 추구하십시오. 거기에는 그리스도께서 하느님의 오른쪽에 앉아 계십니다. 여러분은 이미 죽었고, 여러분의 생명은 그리스도와 함께 하느님 안에 숨겨져 있기 때문입니다(콜로 3,1.3).

부활하신 구세주여, 당신께서 인류를 구원하기 위해서 돌아가시고 부활하신 것을 저희가 기억하게 하소서.